Silke Neumayer
Älter werden macht mich echt knackiger –
mal knackt es hier, mal knackt es da

SILKE NEUMAYER

ÄLTERWERDEN
MACHT MICH ECHT
KNACKIGER
MAL KNACKT ES HIER,
MAL KNACKT ES DA

LESE-LAMETTA
FÜRS BESTE ALTER

HEYNE ‹

Penguin Random House Verlagsgruppe FSC® N001967

2.Auflage
Originalausgabe 2023

Copyright © 2023 by Wilhelm Heyne Verlag, München,
in der Penguin Random House Verlagsgruppe GmbH,
Neumarkter Straße 28, 81673 München
Redaktion: Angelika Lieke
Umschlaggestaltung: Eisele Grafik Design München
unter Verwendung eines Motives von Isabell Klett
Satz: Satzwerk Huber, Germering
Druck und Bindung: GGP Media GmbH, Pößneck
Printed in Germany
ISBN: 978-3-453-21843-7

www.heyne.de

inhalt

Vorwort

In meinem Leben fand vor einiger Zeit eine ziemlich seltsame Veränderung statt: Früher sind einfach immer nur die anderen älter geworden, jetzt ist es mir tatsächlich doch auch selbst passiert.

So was Blödes aber auch.

Normalerweise ist man ja an das Gesicht und den Körper, die man so hat, gewöhnt, und dass sich das alles gaaaanz allmählich verändert, bemerkt man ja nicht wirklich, wenn man nie mehr alte Fotos von sich anschaut, öfter mal statt Frühstück eine sechshunderter Schmerztablette einwirft und einfach keinen Geburtstag mehr feiert.

Also eigentlich geht das mit dem Älterwerden dann ja angenehm schleichend und quasi unmerklich vor sich, aber – und jetzt wird es gruselig – es gibt Momente, da kommt es auch in Schüben.

Und so einen Moment hatte ich.

Dann blickt man morgens in den Spiegel und fragt sich: Wie um alles in der Welt konnte das passieren? Und warum mir? Wie konnte ich über Nacht schlagartig zehn Jahre altern? Einfach so? Da muss schwarze Magie im Spiel sein.

Also wenn sich ein Bandscheibenvorfall mit dem gnadenlosen Schein der neu installierten LED-Lampe im Bad in der Lichtfarbe Bahnhofshalle und dem neuesten Rentenbescheid zusammentut, könnte man sich ab und zu wirklich wie verhext ganz alt fühlen und in ein ganz lautes Mimimi ausbrechen.

Aber Mimimi bringt einen ja auch nicht weiter. Also das haben Sie in Ihrem Alter doch wohl schon längst gelernt, sonst wären Sie vielleicht gar nicht so alt geworden.

Die Alternative zum Älterwerden ist nun mal jung zu sterben – und das ist ja auch irgendwie doof.

Außerdem ist fünfzig das neue Dreißig. Die Bauchwegunterhose ist der neue Stringtanga, Botox gibt's in der Mittagspause, dank Hitzewellen braucht man keinen neuen Wintermantel, und Dinge mit Humor zu nehmen, ist sowieso unbezahlbar.

Natürlich hat Älterwerden auch viele Vorteile, das muss jetzt mal an dieser Stelle laut und deutlich gesagt werden.

Man sieht zwar etwas schlechter, aber dadurch sieht man doch auch die Falten weniger und wunderbarerweise gegebenenfalls den eigenen Mann oder die eigene Frau verschwommen und weit entfernt.

Man rennt nicht mehr ganz so schnell, dafür rennt man aber auch nicht mehr jedem Deppen und jedem Trend hinterher. Und die Kinder sind ja ebenfalls schon größer oder groß, denen muss man auch nicht mehr hinterherrennen.

Manche Hosen oder Kleider passen nicht mehr wirklich gut, also nicht mehr an den Stellen, an denen sie früher gepasst haben, aber ich habe neulich in einer Zeitschrift gelesen, dass Pyjamas inzwischen auch tagsüber total »in« sind.

Also wenn ich nachts im Dunkeln bei Neumond vor dem Spiegel in so einem ganz bestimmten vorteilhaften Winkel stehe und den Bauch dabei ganz doll einziehe und die Luft länger als drei Minuten anhalte, denke ich: Ahh – ist doch alles noch ganz wunderbar.

Fünfzig ist tatsächlich das neue Dreißig! Der Wahnsinn! Leider kann ich meinen Bauch nicht den ganzen Tag einziehen, aber ich habe da so Unterhosen gefunden, die das für mich übernehmen. Überhaupt leben wir ja Gott sei Dank in einer Zeit, in der es jede Menge Tipps und Tricks gibt, um ewig jung zu bleiben oder zumindest um so auszusehen, als würde man das verzweifelt versuchen.

Da wären wir auch schon bei einem anderen Thema, nämlich bei dem Druck ums (nicht) Älterwerden.

Früher konnte man als Frau einfach alt werden. Heute muss man immer jung bleiben oder zumindest so aussehen. Koste es, was es wolle – und es kostet jede Menge. Aber unter Druck entstehen aus Kohle Diamanten, und *Diamonds are a girl's best friend*, das wusste schon Marilyn Monroe, die allerdings trotz dieser Einstellung auch nicht sehr alt geworden ist.

Also, meine Generation und ich haben da noch ganz andere Dinge vor und vor uns. Hey, die Party ist noch nicht vorbei, nur weil wir nach einem netten Abend mit zu viel Rotwein drei Wochen auf Reha müssen.

Tot ist man erst, wenn man tot ist, und bis dahin gilt: Älterwerden hat auch seine guten Seiten. Und seine lustigen. Und ein paar davon finden Sie hoffentlich in diesem Buch.

Viel Spaß.

Ähhhmmmmmm

Zehn Dinge, die mit dem Älterwerden für Frauen eindeutig und unglaublich viel besser werden:

1.
2.
3.
4.
5.
6.
7.
8.
9.
10.

Doch! Halt! Stopp!

Eine Sache fällt mir doch noch ein, die wirklich besser wird: Ich bin gelassener, rege mich einfach nicht mehr so oft auf, das merke ich ganz deutlich, es ist mir vieles gleichgültiger als früher.

Obwohl – das könnte eventuell auch daran liegen, dass ich manchmal einfach nicht mehr die Energie für den ganzen Kram übrig habe.

Mmmmmh.

Zehn eindeutige Anzeichen dafür, dass Sie doch nicht mehr die Allerjüngste sind

1. Ihre Arme sind in den letzten Monaten um zehn Zentimeter länger geworden.

Nein, das ist nicht, weil Sie noch wachsen, sondern weil Sie sich blöderweise weigern, endlich eine anständige Lesebrille zu kaufen.

2. Sie haben ein einzelnes Haar am Kinn, das länger als drei Zentimeter ist.

Nein, Sie können es nicht einfach oben am Kopf ankleben oder ihm gut zureden, dass es doch bitte an anderer, angemessenerer Stelle weiterwachsen möge. Sie müssen es zupfen. Täglich. Stündlich, um ehrlich zu sein.

3. Sie haben fünf Kilo zugenommen, obwohl Sie in den letzten fünf Monaten fünf verschiedene Diäten ausprobiert haben.

Nein, ich kann Sie beruhigen, Sie sind nicht in den Wechseljahren – das mit den Kilos ist für jede Frau in jedem Alter der Normalzustand. Das sollten Sie in Ihrem Alter doch nun wirklich wissen.

4. *Sie fühlen sich seltsamerweise immer mehr zu Funktionsklei-dung und Walking-Stöcken hingezogen.*
Gewöhnen Sie sich daran. Bestimmte Sportarten lassen sich im Alter allerdings nur noch im Sitzen vor dem Fernseher ausüben. Couchsurfen statt Kitesurfen.

5. *Neun Uhr abends erscheint Ihnen plötzlich eine wirklich gute Zeit, um sich langsam, aber sicher in Richtung Bett zu bewegen.*
Die unangenehme Wahrheit ist: Ja, das ist ein eindeutiges Zeichen fürs Altern. Früher sind Sie um diese Zeit ausgegangen – aber das war eben früher, und jetzt ist jetzt, und zehn nach neun ist das neue Mitternacht, und ich bin müde. Schließlich muss ich dafür nachts dreimal aufs Klo.

6. Sie kennen das Wort Disco.

Und hier ein Hinweis für Ihre Kinder: Nein, das ist keine Scheibe für den olympischen Weitwurf.

7. Sie durften noch im Flieger rauchen.

Und nein, der Flieger ist dann nicht notgelandet, und die Airline hat Sie danach auch nicht auf Schadensersatz verklagt, ganz im Gegenteil – die nette Stewardess hat Ihnen Feuer gegeben und Ihnen anschließend noch einen kostenlosen Gin Tonic eingeschenkt. Der war nämlich damals im Ticketpreis enthalten. Ach – das waren noch Zeiten.

8. Sie finden die Siebzigerjahre modisch eine Katastrophe und können sich noch an das Kratzen der Polyesterhosen auf Ihren Oberschenkeln erinnern.

Egal, was die Vogue in ihrer neuesten Ausgabe dazu meint: Manche Dinge sind und bleiben grauenvoll. Und das ist unabhängig vom Alter.

9. Ihr Geburtsjahr beginnt mit 18.

Noch mal: Sie sind nicht 18 – Ihr Geburtsjahr beginnt mit 18. So wie 1896 oder 1875 oder 1899.

Ihr Geburtsjahr beginnt mit 19? Glückwunsch! Sie sind jünger, als ich dachte.

10. Sie haben länger ohne Handy gelebt als mit.

Und noch mal Glückwunsch: Sie haben diesen Mangelzustand in jungen Jahren erstaunlich gut überlebt, wie man so sieht.

A perfect match

Unter uns minimal älteren Frauen gibt es ja leider Gottes auch einige, die in diesem unwesentlich fortgeschrittenen Alter immer noch, immer wieder oder schon wieder auf der Suche nach einem neuen Mann sind.

Das soll vorkommen.

Natürlich kann man auch gut mit über vierzig wieder Single oder so was Ähnliches sein, aber laut meiner Freundin Katja ist das leider nicht mehr so lustig wie früher.

Katja ist seit drei Jahren geschieden und sucht seit zwei Jahren mit mehr oder weniger Erfolg den Mann für ihr restliches Leben.

Oder wenigstens den Mann für die nächste Woche.

Aber das ist wohl viel, viel schwieriger, als Katja es noch aus ihren jüngeren Tagen kannte. Dabei gibt es heutzutage ja Online-Dating, und da kann man jemanden kennenlernen, ohne überhaupt das Haus zu verlassen.

Das nenne ich mal Fortschritt im Vergleich zu meiner Jugend, wo man noch live und persönlich in Discos, Vereine oder auf Sportplätze gehen musste, um sich zu verkuppeln.

Jetzt ist das alles anders.

Jetzt geht man nur noch online – und genau da fängt laut Katja das Problem auch schon an.

Genau genommen kann Katja nach ein paar Monaten Online-Dating einfach nur noch sagen: Es ist ein einziges Trauerspiel.

Was Katja ganz besonders nervt, ist, dass je älter die Männer werden, desto jünger werden die Frauen, die sie suchen.

Katja hat mir das auf ihrem Handy in so einer Dating-App gezeigt.

Tatsächlich, mehr als siebzig Prozent aller minimal älteren Männer und achtzig Prozent aller richtig alten Männer suchen laut ihrem Profil eine deutlich jüngere Frau.

Also mindestens zehn Jahre jünger, besser noch zwanzig, dreißig Jahre jünger sollte die neue Frau dann aber schon sein, wenn es nach den Wünschen der Herren der Schöpfung geht.

Nun, wünschen kann man viel, dachte ich mir, als ich das sah.

Katja ist zu Recht von solchen Auswahlkriterien genervt, denn wenn sie einen nur ein Jahr jüngeren Mann anstupst, answipet oder was immer man für eine Kontaktaufnahme bei diesen Online-Apps machen muss, bekommt sie keinerlei Antwort.

Nichts. Nada. Keine Reaktion.

Ältere Männer stehen laut Katja nicht auf ältere Frauen.

Auch nicht auf minimal ältere Frauen.

Ein Jahr älter – und schon bist du weg vom Fenster.

Ein Jahr jünger – und du wirst geflissentlich ignoriert.

Fünf Jahre jünger – und du bist immer noch nicht jung genug.

Katja empfindet das als diskriminierend, und das zu Recht.

Einmal hat ihr ein Typ, der zwei Jahre jünger war als sie, tatsächlich geantwortet, aber nur, um ihr zu sagen, sie sei viel zu alt für ihn, sie solle sich doch bitte altersmäßig deutlich nach oben orientieren. So ab siebzig – da hätte sie dann gute Chancen auf ein Match.

Neulich schrieb übrigens tatsächlich ein knapp Neunzigjähriger Katja an. Sie wäre mit ihren vierzig Jahren Altersunterschied die Frau seines Lebens, a perfect match sozusagen.

Katja war komischerweise nicht wirklich begeistert. Ihr kam der Altersunterschied doch recht unausgewogen vor.

Also ich finde ja, so ein deutlich älterer Mann kann – laut einem Witz, der vielleicht älter als der Mann selbst sein könnte – der absolute Idealmann sein.

Je nachdem, was man so sucht:

90 Jahre, 40 Grad Fieber, 80 Millionen auf dem Konto und 0 Ehevertrag.

Schlechter Witz. Ich weiß.

Und altersdiskriminierend.

Weiß ich auch.

Aber echt jetzt.

Jungs! Männer! Das geht doch so nicht.

Seit wann sind gleichaltrige Frauen für euch nicht mehr ein perfektes Match?

Und glauben fünfzigjährige Männer wirklich, dass sie für eine dreißigjährige Frau der Traummann sind?

(Also, wie ich manche Männer so kenne – ja, das glauben die wirklich.)

Katja hat irgendwann beschlossen, mit ihrem Alter zu flunkern. Sie meldete sich auf einer neuen Dating-Plattform mit einem völlig neuen Geburtsdatum an und war von da an nicht nur zehn Jahre jünger, sondern bekam endlich auch Anfragen von Männern ihres eigentlichen Alters.

Katja war glücklich und hatte innerhalb von zwei Wochen ein perfektes Match.

Drei Wochen später landete sie mit dem Mann, der in Wahrheit zwei Jahre jünger war als sie, im Bett und kurz darauf in der Notaufnahme.

Herzinfarkt.

Er.

Nicht sie.

Katja ist für ihr Alter einfach unglaublich fit, jung, gelenkig, und sie war wohl drei Nummern zu viel für ihn.

Als sie ihm nach dem Aufwachen das Händchen hielt, gestand Katja dem Mann ihr wahres Alter. Woraufhin der Honk fast einen zweiten Herzinfarkt bekam.

Das war das Ende eines perfekten Matchs.

Katja verließ desillusioniert die Notaufnahme und direkt danach jedwede Dating-App.

Seither hat Katja für sich beschlossen, dass es auch ein Leben ohne Mann gibt.

Und was soll ich sagen, es geht ihr wunderbar. Wir sind schließlich die Generation, die mit dem Spruch groß geworden ist: Eine Frau ohne Mann ist wie ein Fisch ohne Fahrrad.

Also, Mädels, wir brauchen eventuell ein Fahrrad, um fit zu bleiben, aber wir brauchen ganz sicher keinen Mann, um glücklich zu sein.

Denn eins wissen wir minimal älteren Frauen ganz sicher – für unser Glück sind wir selbst zuständig.

Egal, ob wir bemannt oder unbemannt durchs Weltall fliegen.

Ärzte im Abo

Für mich war das letzte Jahr wunderschön, mit wundervollen Menschen in meinem Leben, ganz tollen Erlebnissen, schönen Urlauben und einer erfüllenden und gut bezahlten Arbeit.

Das war natürlich in Wirklichkeit nicht so, letztes Jahr war Corona und auch sonst genügend Shit unterwegs, aber ich versuche mir gerade ein paar Dinge schönzureden.

Was ich mir allerdings nicht schönreden kann: Ich war letztes Jahr 51-mal bei irgendeinem Arzt oder bei der Physiotherapeutin meines Vertrauens.

EINUNDFÜNFZIGMAL.

Ich habe das tatsächlich nachgerechnet, und es hat mich tief erschüttert.

Quasi war ich jede Woche einmal, nur an Weihnachten durfte auch ich unter dem Tannenbaum ohne Diagnose und Bluthochdruck meine Geschenke aufmachen.

Gott sei Dank kann meine Krankenkasse mich nicht einfach vor die Tür setzen, aber wahrscheinlich hat irgendein Mitarbeiter mich schon mit einem roten Fähnchen gebrandmarkt: »Die ist jetzt auch schon in dem Alter, wo sie uns mehr kostet, als sie einbringt.«

Und nein, ich bin kein Hypochonder, und ich gehe auch nicht zu Ärzten, weil mir irgendwie langweilig ist oder weil die dort immer kostenlose Zeitschriften rumliegen haben. Ich habe viel zu tun, und eine Zeitschrift kann ich mir kaufen.

Ich gehe dahin, weil es zwickt und zwackt, knackt und quietscht und pikst und drückt. Ich gehe dahin, weil ich so ein komisches Ziehen links unten habe, ich gehe dahin, weil mein Knie dick und geschwollen ist und verdammt wehtut, ich gehe dahin, weil dieser dunkle Fleck auf meinem Arm vielleicht etwas sein könnte, an das ich lieber nicht denken möchte, ich gehe dahin, weil mein Rücken mich umbringt und weil ein Stück von meinem Zahn abgebrochen ist.

Und ich gehe dahin, weil ich in dem Alter der verdammten Vorsorge-Untersuchungen bin. Und außerdem bin ich in dem Alter, in dem der Arzt, wenn man erst einmal hingeht, garantiert etwas findet, was er und zweiundzwanzig andere Kollegen sich gerne noch mal ganz genau anschauen wollen, so mit allem Drum und Dran, mit Röntgen, Ultraschall, MRT und Pipapo.

Gerne auch alles auf meine Kosten.

Wahrscheinlich bin ich überhaupt nur deshalb noch in meiner Krankenkasse pflichtversichert, weil ich die meisten dieser Untersuchungen und Medikamente mittlerweile selbst zahlen muss.

IGeL nennen die das.

Am Anfang, als das losging mit den vermehrten Arztbesuchen, habe ich noch gedacht, ich hätte mich verhört. Was bitte hat das süße Stacheltier mit meiner Röntgenuntersuchung zu tun? Dann hat mir die Sprechstundenhilfe das erklärt, während sie mir so eine Bleischürze umhängte.

IGeL steht für »Individuelle GesundheitsLeistungen«, die meine gesetzliche Krankenkasse nicht mehr übernimmt. Also im Grunde genommen so ziemlich alles, was ein Arzt mit mir macht, außer ich muss auf der Stelle notoperiert werden.

Das mit der Not-OP übernimmt die Krankenkasse hoffentlich schon noch, wahrscheinlich aber nur, weil ich dann nicht mehr in der Lage bin, vor der ärztlichen Leistung noch schnell zwanzig Formulare zu unterschreiben, mit denen ich versichere, dass ich alles bis auf den letzten Cent selbst bezahle, selbst wenn ich mich deshalb für den Rest des Jahres nur noch von Wasser und trockenem Brot ernähren kann.

Älter werden ist anscheinend verdammt teuer – ich schätze, ich erzähle Ihnen da nichts Neues.

Was machen eigentlich Leute, die noch älter sind – also zum Beispiel solche, die schon in Rente sind? Weniger Geld und mehr Arzt?

Mir schwant nichts Gutes, aber ich bin gerade nicht in der Lage, mich darum zu kümmern, ich muss los, ich habe gleich einen Termin beim Arzt.

Ich hätte aus diesem Grund übrigens gerne einen Arzt in der Familie – das wäre sehr praktisch. Man kann sich da doch einiges an Kosten sparen, das ist echt günstiger als so ein Ärzte-Abo.

Früher habe ich mal davon geträumt, selbst Ärztin zu werden, aber da war mein Abitur dagegen, und später, während meines Studiums, habe ich davon geträumt, mit einem Arzt liiert zu sein, aber da war das Schicksal dagegen.

Jetzt bin ich mit einem Mann zusammen, der zwar selbstständig ist, aber leider nicht als Arzt. Das ist sehr unpraktisch, und ich habe schon überlegt, den Mann zu wechseln, aber er gefällt mir ansonsten doch ganz gut, deshalb sehe ich mich nicht in der Lage, ihn einfach so gegen einen Arzt einzutauschen.

Und Ärzte sind ja auch nicht so leicht zu finden – zumindest die guten nicht. Die werden bei Menschen in meinem Alter unter der Hand gehandelt wie früher die Telefonnummern der heißesten Jungs. Und ob so ein Arzt mich dann als Frau und gleichzeitig als Patientin haben möchte, wage ich doch zu bezweifeln.

Ich habe eine Freundin, die Glückliche ist mit einem Arzt verheiratet und das schon seit vielen Jahren. Grundsätzlich haben die beiden eine harmonische Beziehung. Aber immer, wenn sie etwas hatte (Gallensteine, Kopfschmerzen, seltsame Beulen), sagte ihr Arzt und Mann zu ihr »nimm eine Schmerztablette« und las weiter in der Zeitung. Bei ihrem Blinddarmdurchbruch vor fast fünf Jahren stand meine Freundin kurz vor der Scheidung, und sowohl die Ehe als auch meine Freundin konnten nur durch sofortigen Notarzteinsatz gerettet werden.

Seither bringt ihr Mann meine Freundin immer direkt ins Krankenhaus in die Notaufnahme, wenn irgendetwas zwickt oder sie nur blass aussieht. Anscheinend liebt er sie wirklich und will sie am Leben halten, auch wenn ihr das jetzt noch mehr auf die Nerven geht als die »Nimm eine Schmerztablette«-Phase. Schließlich sind Notaufnahmen nicht so wirklich romantisch und damit einer Beziehung eher abträglich.

Neulich habe ich einer anderen Bekannten von mir auf einem Spaziergang mein Leid mit den ewigen Arztbesuchen geklagt. Diese Bekannte ist wesentlich älter als ich, das muss man jetzt wissen, und hatte daher für mein Jammern und Wehklagen nur ein mildes Lächeln übrig.

Sie blieb stehen, blickte mich an und meinte in einem sehr überlegenen Ton zu mir: »Also, jetzt hör mal auf zu jammern. Du bist noch jung. Wenn du in meinem Alter morgens wach wirst und es tut dir nichts weh, dann bist du tot.«

Ich starrte sie einen Moment entsetzt an, aber dann hielt ich meine Jammerklappe und dachte mir, wahrscheinlich hat sie recht. Schließlich hatte sie allein im letzten Jahr zwei ziemlich schwere OPs.

Aber sie ist wirklich viel älter als ich, also fast doppelt so alt, na ja, vielleicht nicht ganz, aber beinahe, also durchaus älter – und zwar wesentlich.

Dieser Satz von ihr ging mir dann noch länger nach.

Mittlerweile macht er mir keine Angst mehr, ich finde ihn im Gegenteil sogar sehr tröstlich.

Seither freue mich über jeden Tag, an dem ich morgens aufstehe und mir irgendetwas wehtut, und sei es nur, dass ich mir den kleinen Zeh am Bett angestoßen habe.

Aua! Hurra! Ich lebe noch!

Ich habe nur einen Bandscheibenvorfall!

Und jetzt muss ich hier aufhören mit dem Schreiben. Sie wissen schon, ich muss zum Arzt.

Da zwickt was ganz gemein in meiner linken Leistengegend. Keine Ahnung, was das sein könnte.

Altersflüssig

Wir leben ja heutzutage in ganz modernen Zeiten, und meine Generation und ich sind in einem Alter, in dem wir Gott sei Dank noch alles mitbekommen.

Wir checken sozusagen noch alles, obwohl ich jetzt gar nicht weiß, ob man heutzutage überhaupt noch »checken« sagt oder ob dieses Wort peinlicherweise out-of-date ist und mein wirkliches Alter ganz gemein verrät.

Aber egal – ich bin in jedem Fall noch absolut up-to-date, und wenn ich meine Tochter und ihre Generation richtig verstehe, gibt es mittlerweile 72 verschiedene Geschlechter.

Unfassbare zweiundsiebzig.

Ich weiß jetzt nicht genau, wann das passiert ist, ich bin noch mit zwei Geschlechtern groß geworden, das hat für uns völlig gereicht, aber es sind schon ein paar Jahre verflossen seit meiner Geburt, da kann das schon mal passieren.

Also, ich will jetzt hier mal nur ein paar der Geschlechtsidentitäten aufzählen, damit Sie sich ungefähr eine Vorstellung machen können, was heutzutage alles möglich ist:

- Mann
- Frau

- Androgyn
- Transmann
- Transfrau
- Geschlechtsneutral
- Bigender
- Intersexuell
- Transmensch
- Pangender
- Geschlechtslos
- Weder-noch
- XY-Frau
- Viertes Geschlecht
- Butch (fragen Sie mich nicht, was das ist)
- Femme
- Zwitter
- Inter
- Drag
- Cross-Gender
- …

Die Aufzählung ist längst nicht vollständig, und ich hoffe, ich lebe noch lange genug, um erleben zu dürfen, dass noch ein paar Geschlechter zu den zweiundsiebzig dazukommen.

Aber diese zweiundsiebzig Geschlechter sind ja gar nicht das wirklich Entscheidende. Das Tolle an dieser ganzen modernen Sache ist, dass die Geschlechter alle untereinander wechselbar sind – und das nennt man dann genderfluid (wenn ich das überhaupt richtig verstanden habe).

Für alle, die jetzt auch nicht so genau wissen, was das ist: Das Geschlecht ist flüssig – das heißt flexibel – und kann sich je nach Wetterlage oder Stimmungslage ändern. Morgens um neun können Sie als Mann wach werden, um zehn Uhr fünfzehn nach dem blöden Meeting mit dem Chef sind Sie dann lieber eine Frau, zwanzig Minuten später sind Sie queer und nach Feierabend dann vielleicht ein bisexueller Thunfisch.

Alles ist möglich – je nachdem, wie Sie sich gerade fühlen. Ist das nicht einfach wunderbar?

Ja, ich weiß, für Menschen unseres Alters ist das nicht so leicht nachzuvollziehen, aber ich bin ja der Meinung, man bleibt nur jung, wenn man sich Neuerungen nicht verschließt, sondern offen für alles ist.

Und mal Hand aufs Herz – ist das nicht wunderbar, was heutzutage alles möglich ist?

Die LGBTQ(Lesbisch, Gay, Bi, Trans, Queer und der Rest gehört auch mit dazu)-Gemeinde wird immer größer, bunter und schillernder; das ist ganz wunderbar, und die Partys bei denen haben es echt in sich. Das weiß ich aus eigener Erfahrung.

Also all die Kämpfe in den letzten Jahren für Anerkennung, Gleichberechtigung und Toiletten haben sich wirklich gelohnt, würde ich mal sagen.

Was mich allerdings trotz dieses enormen Fortschritts mittlerweile echt stört, ist, dass unsere Gesellschaft auch im Jahr 2022 noch immer nicht wirklich *agefluid* ist und somit auf meine Generation und auf deren Befinden keinerlei Rücksicht nimmt.

Rein altersflüssig betrachtet werden wir hier nämlich immer noch heftig diskriminiert (und nein, es hat nichts damit zu tun, dass man im Alter bestimmte Flüssigkeiten eventuell nicht mehr ganz so gut halten kann).

Das muss sich ab sofort ändern. Ich fordere hiermit, dass man in Zukunft in Deutschland und auf der ganzen Welt endlich sein Alter frei wählen darf.

Wenn das für das Geschlecht geht, warum dann nicht auch fürs Alter?

Wir müssen dieses Thema endlich in die gesellschaftliche Debatte aufnehmen.

Nieder mit der Diskriminierung!

Schließlich ist *agefluid* genau das, was ich und – wie ich aus vielen direkten Quellen erfahren habe – auch andere in meinem Alter täglich erleben.

In der Früh kurz vor dem Aufstehen zum Beispiel fühle ich mich wie knapp unter fünfunddreißig. Die Bettdecke ist fluffig, der Mann neben mir ist angenehm, und da ich auf dem Bauch liege, ist alles perfekt an seinem Platz.

Das ändert sich dann schlagartig in den nächsten fünf Minuten, wenn ich mich auf die Bettkante setze. Kaum befinde ich mich in der Senkrechten, bin ich auf einen Schlag mindestens zehn Jahre älter. Das ist doof, ich weiß, aber das ist nun mal so. Ein kurzes Rekeln und Strecken und Abchecken, ob noch alles funktioniert, kann dazu führen, dass man ein paar neue Baustellen in und an seinem Körper entdeckt, die am Tag zuvor noch nicht da waren. Aber was soll's? Mitte vierzig erhebt sich und geht ins Bad.

Dort erwartet mich leider des Öfteren der nächste ungewollte Altersumschwung – vor einem Spiegel kann das Alter für jede Frau sehr schwankend sein. Das ist einfach abhängig von der allgemeinen Verfassung, von den Jahreszeiten (im Sommer bin ich generell zehn Jahre jünger) oder auch vom beruflichen Status (vor wichtigen Meetings kommen mindestens acht Jahre hinzu). Allerdings zieht jeder Urlaubstag ein paar Jährchen ab, die jedoch im Anschluss ab dem ersten Arbeitstag stündlich wieder aufgebaut werden. Lebt man mit kleinen Kindern, ist man nach durchwachten Nächten meistens kurz vorm Abnippeln.

Also mein Alter schwankt täglich, stündlich, minütlich heftiger als ein Leichtmatrose mit drei Komma fünf Promille auf der *Titanic*. Und eine nette WhatsApp-Nachricht um 13.23 Uhr von dem Mann an meiner Seite führt bei mir zu Herzklopfen und einem fünfzehnjährigen Ich innerhalb von zwei Millisekunden.

Alleine an einem ganz normalen Tag decke ich die altersmäßige Bandbreite von fünf bis fünfundachtzig locker ab. Dagegen ist so ein simpler Wechsel selbst unter zweiundsiebzig zur Auswahl stehenden Geschlechtern doch wohl ein Klacks.

Aber nein.

In meinem Personalausweis steht eine unverrückbare Zahl, und ich kann nix dran ändern. Egal wie ich mich fühle.

Wenn das keine Diskriminierung ist, weiß ich auch nicht.

Ich bin deshalb dafür, eine Selbsthilfegruppe gegen Altersdiskriminierung zu gründen, oder noch besser gleich eine NGO (auch so was Modernes), oder wir gehen gleich auf die Straße und protestieren für unser Recht auf freie Altersbestimmung. Vielleicht schaffen wir es dann ja auch, in den erlauchten Kreis der LGBTQ Community aufgenommen zu werden.

LGBTQA – A für *Agefluid*.

Ich finde, das klingt richtig gut.

Auch schon tot

Ich bin jetzt leider in dem Alter, in dem die Künstler, mit denen ich sozusagen aufgewachsen bin, nach und nach das Zeitliche segnen.

Einfach so, das kommt für mich immer irgendwie aus heiterem Himmel, und ich hoffe sehr, dass die jetzt alle dort, also im Himmel sind.

Zum Beispiel:

David Bowie – auch schon tot.

Marie Versini – auch schon tot. (Falls Sie jetzt nicht wissen, wer das war – ich sage nur mal Nscho-tschi, Winnetous Schwester, und die ist auch schon tot.)

Mister Big – okay, der ist nicht so wirklich tot. Also der Schauspieler lebt Gott sei Dank noch, nur die Figur in der Nachfolgeserie von *Sex and the City* ist ziemlich plötzlich verstorben. Hat mich trotzdem sehr getroffen, ich kann das manchmal nicht so gut auseinanderhalten, also Film und Realität.

Jean Paul Belmondo – auch schon tot.

Kurt Cobain – schon verdammt lange tot.

Charlie Watts – auch schon tot.

Peter Lindbergh – auch schon tot.

Bisher kannte ich das eigentlich mehr von meiner Mutter, also das mit dem »auch schon tot«. Seit Jahren erzählt sie mir, wer in ihrem Bekanntenkreis gerade mal wieder nicht mehr aufsteht: »Die Hedi, du weißt schon, die mit dem Herbert verheiratet war, der ja leider auch vor zwei Jahren ganz plötzlich diesen Herzinfarkt hatte, der ist also auch schon länger tot. Und die Hedi, die samstags immer mit mir und den Landfrauen spazieren geht, aber das machen wir ja nur noch, wenn das Wetter wirklich mitspielt, also die Hedi ist vorvorgestern auch einfach so umgekippt … keiner weiß warum, aber vielleicht war es ja gut so, schließlich hat sie den Herbert sehr vermisst und jetzt ist sie auch schon tot.«

Das ist alles immer furchtbar und furchtbar traurig, aber ich habe das Gefühl, meine Mutter hat sich seltsamerweise oder beruhigenderweise mit den Jahren an das »auch schon tot« gewöhnt. Das ist vielleicht wie mit Elektroschocks, die merkt man wahrscheinlich irgendwann auch nicht mehr, wenn man ständig welche bekommt.

Der Mensch gewöhnt sich ja an alles.

Zum Beispiel daran:

Prince – auch schon tot.

Amy Winehouse – das hätte jetzt echt nicht schon sein müssen.

Steve Jobs – auch schon tot.

Ich würde jetzt mal sagen, die meisten starben meinem Gefühl nach lange vor ihrer Zeit.

Das liegt vielleicht daran, dass die meisten Künstler sind. Sie wissen schon, das ganze Sex and Drugs and Rock 'n' Roll geht manchmal nicht allzu lange gut.

Das mit Yoga, Salat und Mineralwasser geht jetzt auch nicht ewig, aber man sieht dabei besser aus.

Es gibt natürlich Ausnahmen. Keith Richards zum Beispiel – der ist erstaunlicherweise noch nicht tot, wie schön. Vielleicht liege ich mit meiner Theorie ja doch falsch.

Aber Whitney Houston – schade, auch schon tot.

Robin Williams – werde ich ewig vermissen – auch schon tot.

Joe Cocker – ach herrje.

Mister Spock – und ich dachte früher immer, Vulkanier werden mindestens zweihundert Jahre alt.

Helmut Dietl – danke.

Prinzessin Leia – möge die Macht immer mit dir sein.

Helmut Schmidt – man kann auch mit Zigaretten sehr alt werden, aber jetzt ist er auch schon tot.

George Michael – sexy und leider tot.

Lady Di – ganz blöd gelaufen.

Stephen Hawking – eine zu kurze Geschichte in der Zeit.

Karl Lagerfeld – nein, ich trage keine Jogginghosen.

Am Jahresende, so um Silvester herum, gibt es in einigen Medien ja immer so eine Rubrik mit allen Prominenten, die in dem betreffenden Jahr kein Silvester mehr feiern können. Gehen Sie nicht über Los. Ziehen Sie keine Gage mehr ein.

Beim Lesen bin ich regelmäßig entsetzt, wenn ich sehe, dass welche darunter sind, die jünger waren als ich.

Aber natürlich waren sie auch viel prominenter.

Ich bin ja gar nicht prominent.

Daran wird es hoffentlich liegen – also an dem nicht prominent Sein –, dass ich noch nicht abgenippelt bin.

Mein Leben bestand eben die letzten Jahre und auch davor eigentlich eher weniger aus Sex and Drugs and Rock 'n' Roll, sondern aus viel zu wenig Schlaf, zu viel Arbeit und – okay, das gebe ich zu – ab und an mehr als einem Glas Rotwein.

Aber das soll ja wiederum sehr gesund sein, so ein Glas Rotwein am Abend.

Also, das zählt jetzt doch nicht als Droge.

Nicht so wirklich.

Ich möchte hiermit allen Künstlern, die mit mir jung waren und älter geworden sind, zurufen:

Schluss mit Drugs and Rock ’n’ Roll.

Hört auf damit!

Dafür sind wir entschieden zu alt!

Sex ist aber voll okay, wenn man es nicht übertreibt.

Yoga, Salat und Mineralwasser müssen ab sofort reichen.

Und vielleicht ab und zu ein Glas Rotwein.

Okay, manchmal vielleicht auch ein Schnaps, so ein Prominenter hat’s ja auch nicht leicht im Leben.

Aber hey!

Ihr könnt mich hier unten doch echt nicht ganz allein lassen.

Das geht gar nicht.

Und für alle anderen oben Erwähnten gilt:

R.I.P. – Rest in Peace – ihr wart großartig und wunderbar, und es war schön, mit euch älter zu werden.

Bad news für minimal ältere Frauen

- Die Zeit ist echt eine gemeine Bitch.

- Und sie rennt immer schneller, je älter man wird.

- Arthrose kann mal leider nicht wirklich aufhalten.

- Arthritis ist auch fies.

- Verpasste Chancen kommen meist wirklich nicht mehr wieder.

- Vorsorgeuntersuchungen sind wichtig, aber gruselig, und man hat immer Angst dabei.

- Irgendwann sagt der Chirurg, dass man das – was auch immer – nicht mehr flicken kann, weil die Naht nicht mehr hält.

- »Sieht gut aus für Ihr Alter« ist leider kein so schönes Kompliment wie ein schlichtes: »Du siehst toll aus«.

- Nein, das geht nicht mehr einfach so von alleine weg wie früher.

- Hitzewallungen gehören leider für die meisten von uns dazu – machen Sie das Beste draus.

- Sie werden nie wieder in Größe 34 passen (macht aber nix, geben Sie's doch zu: Die hat mir und Ihnen noch nie gepasst ☺).

Good news für
minimal ältere Frauen

- Wir leben im einundzwanzigsten Jahrhundert.

- Es gibt Rotwein, Weißwein, Sekt, Champagner.

- Es gibt Botox und Hyaluron für Plan B.

- Es gibt Freunde, Familie, Männer und Kinder, die uns lieben.

- Es gibt Kinder, Männer, Freunde und Familie, die wir lieben.

- Es gibt Wellnesswochenenden, die ihr Geld wert sind.

- Es gibt Zahnimplantate.

- Es gibt Shaping-Unterwäsche, in die man alles reinquetschen kann, was irgendwie im Weg ist.

- Es gibt mit jedem Jahr mehr auch mehr Selbstbewusstsein.

- Es gibt kalorienreduzierte Schokolade (die allerdings gruselig schmeckt).

- Es gibt tatsächlich Lesebrillen, die ein Gesicht erst richtig zur Geltung bringen.

- Es gibt ein Leben vor dem Tod.

Belesen älter werden

Sie wissen, dass Sie langsam, aber sicher älter werden, wenn ... nein, nicht, wenn Sie die Welt um sich herum nicht mehr verstehen; das kommt auch noch, aber das passiert hoffentlich erst viiieeel später. Aber wenn Sie den Inhalt der Zeitschriften, die vor Ihnen auf dem Tisch liegen, nicht mehr verstehen, gehören Sie eindeutig nicht mehr zu denen, die morgen endlich mal mit Rollerbladen anfangen sollten.

Das ist mir nämlich neulich bei meinem Zahnarzt passiert. Also das mit den Zeitschriften. Vom Rollerbladen habe ich selbst in jüngeren Jahren Abstand genommen, um meine Handgelenke zu schonen.

Ich meine, ich arbeite sozusagen mit meinen Handgelenken, da muss ich ihre Unversehrtheit doch nicht aufs Spiel setzen, nur damit ich mich jung fühle und mitsamt der Schutzmontur, die man für das Rollerbladen braucht, aussehe wie eine überbehütete Fünfjährige.

Aber jetzt zurück zu den Zeitschriften.

Ich meine, das Wartezimmer eines Zahnarztes ist ja sowieso irgendwie für manche Menschen der Vorhof zur Hölle, aber wenn man dann so wie ich einfach mal eine dieser Zeitschriften zur Hand nimmt, kann das auch ohne den Umweg über den Zahnarztstuhl direkt in die Hölle führen.

So ganz ohne Vorhofflimmern und ohne Vorwarnung.

Ich griff also einfach zu der nächstbesten Frauenzeitschrift auf dem Stapel, ohne groß hinzuschauen.

Ich bin ja in meinem Zeitschriftenleben von den Comicheften (Dagobert Duck und sonst alles aus Entenhausen) zur *Bravo* über die *Freundin* und *Brigitte* hin zur *ELLE* gewandert. In den letzten Jahren vermehrt mit kleinen Abstechern zu *Living at Home* oder *Schöner Wohnen* oder auch mal zu *Landlust*. Also normalerweise bewege ich mich in diesem mir völlig vertrauten Zeitschriftenrahmen, und da kann mir auch nichts mehr passieren.

Nette Bilder, nette Texte, nette Welt.

Und dann das!

Ich hielt ein buntes Heft in der Hand, das eindeutig für eine deutlich jüngere Zielgruppe gestaltet war. So im Alter meiner Tochter vielleicht oder vielleicht sogar für Zwölfjährige – heutzutage weiß man das ja nicht mehr so genau. Es gibt mittlerweile Zwölfjährige, die sehen so aus wie früher Zweiundzwanzigjährige und benehmen sich leider auch so.

Ich setzte meine Lesebrille auf und blätterte durch die üblichen Modeseiten. Nein, ich kann keine superknappen Shorts mehr tragen, Miniröcke in meinem Alter finde ich erbarmungswürdig, und bei bauchfrei würde mein Gegenüber bei meinem Anblick wahrscheinlich spontan in Tränen ausbrechen und mir sein Taschentuch reichen, um mich zu bedecken.

Ach, vorbei, du süßer Vogel Jugend.

Aber das war jetzt für mich nicht besonders erstaunlich, und wenn ich ehrlich bin, hat sich die Mode seit meiner Jugend auch nicht so wahnsinnig verändert.

Aber dann blätterte ich weiter und weiter und weiter. Und ich verstand überhaupt nur noch gar nichts mehr.

Es gibt wohl eine deutsche Rapperin mit dem seltsamen Namen Zoe Wees. Sie hat seltsame Zöpfe an ihrem Kopf, die weit runter bis zum Boden und darüber hinaus reichen. Also diese Zöpfe schleifen hinter ihr her wie zwei Schleppen. Mein mütterlicher Instinkt meldete sich sofort: Was, wenn sie da mal drauftritt, wenn sie gerade auftritt, und hinfällt und stolpert und sich Gott weiß was bricht. Also das sah irgendwie gefährlicher aus als Rollerbladen, und sie hatte auch keine Knieschützer an.

Keine Ahnung von ihrer Musik, und ihren Namen hatte ich auch noch nie gehört, dabei wohnt eine ziemlich junge Person in Form meiner Tochter noch bei mir im Haus.

Aber egal.

Und weiter ging es in eine neue Welt, in eine mir völlig unbekannte Sphäre.

Auf einer Seite wurden mir zum Beispiel ein paar Künstlerinnen empfohlen, denen ich unbedingt folgen sollte.

Dabei wurde mir aber blöderweise nicht gesagt, wohin ich denen denn überhaupt folgen sollte – und ich wäre auch echt nicht einfach so mitgegangen.

Zum Beispiel gab es da unter den Künstlern, denen ich nachlaufen sollte, das »Berlin Strippers Collective«. Oder »Dani Coyle«, Content Creator, Künstler*in und Intersex-Aktivist*in. Also abgesehen von dem Genderstern, der mich in den Wahnsinn treibt, verstehe ich überhaupt gar nicht, was diese Künstlerinnen so machen. Was zur Hölle ist eine Intersex-Aktivistin?

Ich bin echt out. Aber so was von.

Was ein Berlin Strippers Collective macht, konnte ich mir durchaus vorstellen, aber ich lag trotzdem völlig daneben. Die Damen des Collectives ziehen sich zwar aus, aber damit wollen sie nur erreichen, dass diejenigen, die sich auch ausziehen, nicht mehr stigmatisiert werden.

Mal sehen, ob das klappt. Aufgrund meiner Lebenserfahrung würde ich da Zweifel anmelden.

Aber was weiß ich schon, ich kann ja laut meiner Tochter noch nicht mal mein iPhone anständig bedienen.

Und weiter ging es in mir unbekannte Galaxien.

Ich war auf eine seltsame Art und Weise angefixt von einer Welt, die ich nicht wirklich kannte, und wollte so viel wie möglich darüber in Erfahrung bringen, bevor der Bohrer und die Spritze meines Zahnarztes womöglich alle Erinnerungen daran verblassen lassen würden.

Ich wurde nicht enttäuscht.

Ein paar Seiten weiter erklärte ein geschminkter Mann mit Bart (es war kein Damenbart, da bin ich mir absolut sicher), wie man am besten Make-up und Eyeliner aufträgt.

Ich war erschüttert. Nicht wegen des Mannes mit Make-up. Hey, ich lebe ja nicht hinterm Mond! Ich weiß, dass das jetzt modern ist, und habe null Problem mit einem Mann, der sich schminkt.

Aber ich fand trotzdem, dass ein Eyeliner, der in Kontrastfarbe zur Augenfarbe ist, echt scheiße aussieht. Das war in den Achtzigerjahren so, und daran hat sich bis heute nichts geändert – egal, wer ihn trägt.

Weiter ging es zu Ashley Forsson, einer Youtuberin für Mode, Beauty und Empowerment. Mit Empowerment bezeichnet man heutzutage Strategien und Maßnahmen, die den Grad an Autonomie und Selbstbestimmung im Leben von Menschen erhöhen sollen. Das wiederum soll ihnen ermöglichen, ihre Interessen eigenmächtig, selbstverantwortlich und selbstbestimmt zu vertreten. Das musste ich dann doch mal schnell auf meinem Handy googeln. Wenigstens das kann ich, auch wenn ich ansonsten offensichtlich aus einem anderen Jahrhundert komme.

Aber ich habe trotzdem keine Ahnung, was das jetzt konkret sein soll. Die Kombination von Mode und Autonomie fand ich jedenfalls ziemlich gewagt.

Aber dann erinnerte ich mich an die Neunzigerjahre, wo wir Frauen sehr breite Schulterpolster trugen, damit wir uns stark und selbstbewusst fühlten. Okay. Gecheckt, geschnallt oder wie immer man dazu heutzutage sagt.

Also, da hat sich wohl nicht viel geändert, es heißt nur anders.

Ich blätterte weiter und landete zu guter Letzt auf den Seiten mit den Wohntipps. Dort wurde mir eine quietsch-lilafarbene Toilette als neuer »Scandi-Schick« angepriesen.

Okay, Leute, damit war ich draußen.

Ich hatte es kapiert.

Ich war nicht die Zielgruppe.

Ich war einfach zu alt für den Kram.

Lilane Toiletten!

Das war ja wie in meiner Jugend!

Und mit Scandi-Schick hat das wirklich null und gar nichts zu tun. Das ist alternativ und hippiemäßig. Jede WG, die damals was auf sich hielt, hatte eine lilane Toilette.

Sorry, aber das geht gar nicht.

In diesem Augenblick rief die Zahnarzthelferin meinen Namen, und ich musste zu meinem Leidwesen aufstehen, ohne noch schnell einen Blick in die *Brigitte* werfen zu können, die auch auf dem Tisch mit den Zeitschriften lag.

Aber während mein Zahnarzt mal wieder bohrte, beschloss ich: Ich brauche dringend ein paar neue Zeitschriften-Abos in meinem Leben – von Bravo an aufwärts (gibt's die überhaupt noch?). Schließlich will ich doch wenigstens noch ein bisschen was von dem mitbekommen, was so auf der Welt passiert.

Und außerdem kann ich mir dann immer wieder aufs Neue sicher sein: Es kommt alles wieder – es heißt dann nur anders.

Botox no go

Ich gebe es zu.

Ich habe mich piksen lassen. Nein, ich meine nicht gegen Corona, sondern wegen ein paar echt blöder Falten an blöden Stellen. Okay, das ist jetzt auch wieder blöd, weil Falten ja immer irgendwie blöd sind und sich meistens an wirklich blöden Stellen befinden. Na ja, die Falten an meinem Hintern stören doch weniger, denn sie sind strategisch sehr gut positioniert – niemand, der die nicht sehen soll, sieht sie – das ist geradezu perfekt.

Also wenn schon Falten, dann sollten sie doch bitte nicht am A… vorbeigehen, sondern sich genau dort hinbegeben und auch da bleiben.

Leider geht diese wunderbare Idee von mir wiederum den Falten am A… vorbei. Die machen, was sie wollen und wo sie es wollen.

Zum Glück ist heutzutage dagegen ja ein Kraut oder vielmehr ein Gift gewachsen:

Botox.

Ein kleiner Piks hier, ein kleiner Piks da, und die Falten verschwinden wie von Zauberhand – so für sechs Monate.

Es gib ja mittlerweile »Botox to go« so wie »Coffee to go«, nur nicht im Becher und nicht mit Karamellsirup, sondern mit einem kleinen Kühlpack nach dem Piks.

Das ist ja im Prinzip eine ganz feine Angelegenheit, ich gehe da mal schnell in der Mittagspause hin, und wenn ich zurück ins Büro komme, erkennen mich die Kollegen nicht mehr wieder, oder sie denken, ich war gerade drei Wochen in der Karibik. Je nachdem, wie gut der Arzt ist, der spritzt.

Also mein Arzt war ganz hervorragend, und ich würde jetzt gerne erzählen, ich war da schnell mal in der Mittagspause, aber ich bin doch eher ein Schisshase und habe einen Termin nach endloser Recherche bei einem Arzt meines Vertrauens vereinbart. Oder vielmehr bei einem Arzt, dem 102,98 Prozent meiner Freundinnen vertrauen. Bei so was traue ich den Rezensionen im Internet eher weniger, da ich selbst weiß, wie gut man die fälschen kann, wenn man ein paar Studenten ein Mittagessen in der Mensa sponsert.

Ich ging also da hin, bekam meinen Piks, wurde dreihundertsechzig Eumel los, und hinterher hat niemand – und ich meine damit absolut niemand – aus meinem näheren und auch keiner aus meinem ferneren Umfeld bemerkt, dass ich was habe machen lassen.

Kein »Oh, du siehst so erholt aus! Warst du gerade im Urlaub?«

Kein »Oh, du siehst so entspannt aus! Warst du bei der Massage?«

Kein »Oh, du siehst fantastisch aus, aber gib zu, du hast ein wenig nachhelfen lassen?«

Nein. Nichts davon. Nada. Gar nix.

Nur mein Konto, das hat kurz aufgejault wegen der dreihundertsechzig Mäuse, die einfach so davongelaufen sind.

Ich war ehrlich gesagt ziemlich enttäuscht und wollte darüber die Stirn runzeln, aber das ging ja nun nicht mehr.

Drei Wochen später war ich dann sehr dankbar darüber, dass man nichts bemerkte.

So schnell können sich Dinge ändern.

Ich traf da nämlich eine frühere Mitschülerin bei einem schon lange angesetzten Klassentreffen. Im Grunde genommen hatte ich diese ganze Botoxsache auch ein wenig wegen dieses Klassentreffens gemacht. Ich meine, welche Frau will denn nicht absolut blendend aussehen, wenn sie ein paar Leute von früher trifft, die sie zehn Jahre lang nicht gesehen hat? So blendend, dass die blöde Zicke aus der ersten Reihe, die einem in der Zehnten den Freund weggeschnappt hat, ganz neidisch sein wird.

Ich stellte mir vor, dass alle, alle mich darauf ansprechen würden, wie jung und wie gut erhalten ich war.

Und ich, ich würde einfach nur milde lächeln und auf etwaige Fragen vor mich hin murmeln, so etwas wie:

»Ach, das sind nur gute Gene.«

»Ich trinke sehr viel Mineralwasser.«

»Jeden zweiten Tag Yoga.«

»Jüngerer Liebhaber.«

»Täglich Sex.«

Aber dazu kam es leider nicht, denn mein Nicht-Klassentreffen-Umfeld hat von meiner Botox-Eskapade ja überhaupt nix bemerkt.

Ich sehe wohl aus wie immer.

Mit etwas weniger Stirnrunzeln vielleicht. Und ganz womöglich etwas weniger genervt vom Leben und meinen Mitmenschen. Also das finde ich schon, wenn ich mich selbst beobachte und so schräg in den Spiegel schaue.

Aber wie schon gesagt, es kann auch ein Segen sein, wenn man gar nix bemerkt.

Auf dem Klassentreffen beim Achtzigerjahre-Buffet traf ich nämlich Nicole wieder. Nicole, die mal zwei Monate neben mir gesessen hat in der Neunten, aber ich konnte mich so gut wie gar nicht mehr an sie erinnern. Ich habe ein Gesichtergedächtnis wie ein Sieb.

Und Namen kann ich mir auch nicht merken. Also wundern Sie sich bitte nicht, sollten Sie mir jemals begegnen, wenn ich Sie nicht erkenne. Das passiert mir ständig. Nicht nur bei Klassentreffen.

Also, ich stand da am Buffet, etwas gelangweilt und genervt, weil ich irgendwie auch nicht frischer aussah als der ganze Rest, aber dreihundertsechzig Euro ärmer war als die anderen, da stellte sich eine Brünette neben mich, die mir vorher schon aufgefallen war.

Allerdings nur deshalb, weil sie seltsamerweise eine Augenklappe trug. Das sah ein wenig so aus wie Käpt'n Jack Sparrow aus *Fluch der Karibik* in weiblich. Sehr verwegen. Und das passte so gar nicht zur ihrem ansonsten eher biederen Outfit, bestehend aus einem grauen Hosenanzug und einer weißen Bluse.

Ich wollte mir gerade ein paar Spargelröllchen holen (also, das ist Spargel in Schinken eingewickelt – ich sag ja, Achtzigerjahre), da sprach sie mich von der Seite an.

»Du bist doch die Silke, oder? Die Silke, die in der Neunten mal neben mir saß und in Mathe immer von mir abgeschrieben hat?«

Also jetzt war ich echt beleidigt. Ich habe in Mathe nie abgeschrieben, und wenn doch, dann nur ein ganz klein wenig. Mehr wäre bei unserem Mathelehrer Herrn Langhals auch gar nicht drin gewesen.

Ich blickte die Brünette an und versuchte mir dabei die Augenklappe wegzudenken. Dann ging ganz hinten in meinem Gehirn eine kleine Tür auf, und mir fiel wieder ein, wen ich da vor mir hatte.

»Nicole! Ah, jetzt erkenne ich dich. Ist ja nicht so einfach mit der Augenklappe, sorry, das ist so ähnlich wie mit einer FFP2-Maske. Die Leute sehen einfach anders aus, wenn Teile des Gesichts fehlen.«

Das war jetzt vielleicht ein wenig zu direkt, was ich allerdings etwas zu spät bemerkte. Aber Nicole nickte zu meiner Erleichterung verständnisvoll und griff sich leicht an das schwarze Teil über ihrem Auge.

»Ich weiß, das Ding nervt mich ja selbst.«

Ich nickte auch völlig verständnisvoll.

»Oh, so ein Gerstenkorn nervt echt. Hatte ich früher als Jugendliche auch ganz oft, kann sehr unangenehm werden. Ich habe dann auch oft Augenklappe getragen, weil jede Bewegung des Auges das Ding noch mehr gereizt hat.«

»Ich kann mich erinnern. Du hast manchmal ein ganz zugeschwollenes Auge gehabt oder ausgesehen wie ein Pirat.« Sagte Nicole mitfühlend.

»Es war furchtbar, so zwischen vierzehn und sechzehn hatte ich das öfter. Gott sei Dank jetzt schon ewig nicht mehr.«

»Freut mich für dich.« Sagte Nicole und häufte sich etwas von dem Nudelsalat auf den Teller.

»Was machst du eigentlich beruflich so?«, fragte ich sie, um mit etwas Small Talk von meinen peinlichen Gerstenkörnern abzulenken.

»Ich habe mit meinem Mann zusammen eine Software-Firma, knapp vierzig Angestellte – ich bin echt froh, dass meine beiden Jungs schon so groß sind. Der Stress in den letzten Jahren war echt heftig.«

Ich nickte wirklich beeindruckt.

Nicole war in Mathe echt ein Ass gewesen, und ich habe damals vielleicht eventuell doch ein wenig davon profitiert. Auch wenn man mit Augenklappe leider nicht ganz so gut bei der Nachbarin spicken kann.

»Deswegen hast du das Gerstenkorn sicherlich. Ist wohl der Stress. Ich hatte das damals ständig vor irgendwelchen Mathetests.« Das musste ich jetzt dann doch zugeben.

Nicole blickte mich verschwörerisch an.

»Ich habe überhaupt kein Gerstenkorn«, flüsterte sie so leise, dass nur ich sie verstehen konnte.

»Nein?«

Für eine Sekunde hatte ich Angst, Nicole hätte ein Glasauge. Ich bin bei körperlichen Gebrechen keine Heldin. Egal ob sie andere Menschen oder mich selbst betreffen. Ein Gerstenkorn kann ich an mir und anderen gerade noch ertragen, aber alles, was darüber hinausgeht, wird dann doch eher schwierig.

»Willst du mal sehen?«

Nicole blickte sich verstohlen um, dann schob sie die Augenklappe nach oben, noch bevor ich »Nein, bitte nicht!« rufen konnte.

Zum Vorschein kam ein Augenlid, das auf halbmast hing, um mal im Piratenjargon zu bleiben.

Gott, war ich erleichtert.

Kein Glasauge. Kein gar kein Auge. Einfach nur ein hängendes Lid. Sah irgendwie aus wie bei Karl Dall, aber mit Glitzerlidschatten und Wimperntusche.

Sehr speziell.

Ich schnappte hörbar nach Luft und fragte neugierig: »Wie ist das denn passiert? Ich hoffe, du hattest keinen Schlaganfall?«

Schon wieder ziemlich indiskret von mir, aber mal ehrlich, in meinem und Nicoles Alter fängt das ja statistisch an mit den unangenehmen Dingen.

»Nein, nicht doch. Das geht wieder weg. So in zwei, drei Monaten. Mein Arzt hat irgendeinen blöden Nerv getroffen beim Botoxspritzen. Kann ja mal passieren. Hast du schon mal Botox probiert?«

»Ich??? Also, ich …«

Ich schluckte. Nicole blickte mich mit einem sehr prüfenden Kennerblick an, dann sagte sie:»Also, ich mach das ja schon länger. Ich habe einfach viel Stress und muss trotzdem gut aussehen – schon aus beruflichen Gründen. Und wenn ich dich so anschaue, würde ich sagen: Oben rechts zwei-, dreimal rein, an der Nasolabialfalte hat er auch etwas gemacht. Du siehst erholt aus wie nach drei Wochen Karibik, und das ganz ohne braun zu sein.«

Ich fing an zu strahlen bis über beide Ohren, sofern das mit meiner Mimik noch möglich war. Endlich!

»Ich dachte schon, das merkt gar keiner.«

Nicole lächelte nur wissend, nahm sich noch ein Spargelröllchen auf den Teller, und die nächste halbe Stunde verbrachten wir damit zu rätseln, wer von den anderen anwesenden Mitschülerinnen was, wann und wie hatte machen lassen.

Ich hatte einen großartigen Abend und endlich das Gefühl, dass sich die dreihundertsechzig Eumel für das Botox doch gelohnt hatten. Aber seit der Geschichte mit Nicoles Augenklappe ist Botox für mich ein No-Go.

Ich bin eben ein Schisshase.

Ich will nicht Karoline Dall werden mit Glitzerlidschatten. Auch nicht für sechs Monate.

Also habe ich mir geschworen – nie mehr Botox.

Aber vielleicht ein wenig Hyaluron? Ich habe gehört, das Zeug soll Wunder bewirken. Man sieht danach wohl aus wie nach drei Wochen Karibik – mindestens. Und die Augenlider hängen garantiert nicht. Sie könnten nur etwas anschwellen. Vielleicht, eventuell, wenn man ein bisschen allergisch gegen das Zeug ist.

Aber dann kann ich ja auch eine Augenklappe tragen und behaupten, ich hätte ein Gerstenkorn.

Dafür bin ich jetzt aber echt zu alt

Haben Sie diesen Satz schon mal ausgesprochen? Oder haben Sie ihn schon mal gedacht? Heimlich? Oder laut zu sich selbst gesagt?

Alles Nonsens.

Alles Selbstbetrug meiner Meinung nach.

Seien wir doch mal ehrlich: »Dafür bin ich jetzt aber echt zu alt« – das ist nichts anderes als eine ganz wunderbare oder eine ganz saublöde Ausrede.

Je nachdem, wie man es betrachten will.

Natürlich bin ich nicht zu alt, um Kitesurfen zu lernen, aus dem Flugzeug zu springen oder Medizin zu studieren.

Wo ein Wille ist, da ist kein Alter.

Selbst fürs Kinderkriegen bin ich noch nicht zu alt.

Also irgendwie schon, aber dann auch wieder nicht. Wenn sechzigjährige Inderinnen dank Gott weiß welcher medizinischen Eingriffe, Zaubersprüche, Hormone und Spezialoperationen noch schwanger werden können, dann kann ich das auch.

Aber ich will einfach nicht.

Also ich will nicht mehr schwanger werden.

Ich will auch kein Kitesurfen lernen, obwohl ich finde, dass das toll aussieht, und ich bleibe definitiv lieber in einem Flugzeug sitzen, als aus ihm herauszuhüpfen.

Aber seit ein paar Monaten – oder vielleicht sogar ein paar Jahren – habe ich endlich eine ganz wunderbare Ausrede: Dafür bin ich zu alt.

Und schon werde ich mit solchen Vorschlägen verschont. Niemand drängt mich mehr, noch mal von vorn anzufangen, Japanisch zu studieren oder den Himalaya zu besteigen. Jeder akzeptiert das als unabänderliche Tatsache:

Zu alt.

Dabei bin ich für gar nix zu alt.

Für manches bin ich einfach zu faul, für manches zu schlau, und anderes interessiert mich einfach überhaupt nicht oder jetzt nicht mehr.

Ist das nicht großartig – sich einfach aus bestimmten Dingen rauszuhalten, ohne das groß begründen zu müssen?

Vor einem Club warten – nein danke.

Sich die Nächte um die Ohren hauen – nein danke.

Seltsame Drogen ausprobieren – bitte nicht (und auch noch nie, wenn ich Hasenpfote ehrlich bin).

Spagat auf dem Schwebebalken – aua –, nein danke.

Neulich ging mir aber so durch den Kopf, dass auch ich mich wenigstens ab und zu mal wieder nicht zu alt für alles Mögliche fühlen möchte, und ich dachte laut über einen Tanzkurs nach.

Da lag ich gerade auf dem Sofa neben dem Mann an meiner Seite. Wir beide schauten *Tatort* – wie fast jeden Sonntag.

Und irgendwie dachte ich, wir könnten die Sonntagabende auch mal wieder ein wenig aktiver verbringen. Wir sind ja noch kein altes Ehepaar – und selbst wenn.

Und früher, da habe ich echt gerne getanzt.

Ich blickte den Mann an meiner Seite von der Seite her an, während im Fernsehen die Kommissarin gerade eine Leiche umdrehte, und teilte ihm mit, ich würde sehr gerne demnächst einen Tanzkurs mit ihm machen.

Der Mann an meiner Seite zuckte furchtbar zusammen.

Das hatte nichts mit der Leiche im Fernsehen zu tun, die ziemlich übel zugerichtet war. Der Mann ist da furchtbar abgebrüht und schaut auch nachts um zwei Horrorfilme mit Zombies an, nach denen ich nie wieder ein Auge zumachen könnte.

Als das Zucken wieder aufhörte, meinte der Mann, ohne den Blick vom Fernseher zu wenden, er sei jetzt echt zu alt, um einen Tanzkurs zu machen.

Ich blickte ihn mit hochgezogener Augenbraue an.

Der Mann an meiner Seite kennt meine »Zu alt«-Theorie. Ich neige nämlich ab und an dazu, zu Hause etwas altklug daherzureden. Diese Theorie würde aber in seinem Falle nicht greifen, argumentierte er – vorsichtshalber weiter mit starrem Blick auf den Fernseher. Er sei wirklich zu alt, hätte überhaupt noch nie tanzen

können, und seine Hüfte, also seine Hüfte würde das auf gar keinen Fall mehr mitmachen. Der Mann hat letztes Jahr Kitesurfen ausprobiert – das möchte ich nur mal so nebenbei erwähnen. In diesem Moment geschah ein zweiter Mord. Aber ich kann Sie beruhigen – nur im Fernsehen.

Drei Wochen später standen der Mann und ich locker in den Knien wippend vor Hans und Laura, die uns und fünf anderen Paaren ungefähr in unserem Alter die nächsten acht Sonntagabende Haltung, Rhythmus und Bewegung beibringen sollten. Standardtanz und etwas Lateinamerikanisch – wie wunderbar.

Die Musik erklang, der Mann und ich schwebten über das Parkett.

Ich führte ihn, ich finde, ich bin emanzipiert, da kann man einen Mann auch mal dahin schieben, wo er hingehört. Und leider hat er wirklich kein besonderes Talent fürs Tanzen – das war jetzt echt keine Ausrede von ihm gewesen.

»Siehst du, hier ist niemand zu alt, um tanzen zu lernen«, zischte ich ihm trotzig ins Ohr und führte ihn elegant an dem Paar rechts von uns vorbei, das sicher gut über sechzig war.

»Und du musst dich nicht extra steif stellen und mir auf die Füße treten, nur um mir zu beweisen, dass du zu alt für so was bist.«

Das konnte ich mir jetzt doch leider nicht verkneifen.

Der Mann an meiner Seite seufzte, ergab sich seinem Schicksal und chachate sich mit mir durch die nächsten Sonntagabende, dass es eine Freude war.

Zumindest für mich.

Am fünften Tanzabend wirbelte ich ihn gerade im Walzer durch den Saal, als der Mann – noch etwas schwindelig – mir ins Ohr flüsterte: »Ich habe übrigens eine Rucksackreise für uns beide gebucht. Sobald der Tanzkurs vorbei ist, geht's los. Fünf Wochen Südamerika, nur mit dem nötigsten Gepäck, so wie früher. Du hast mir doch erzählt, du bist in deiner Jugend durch Asien gereist – das machen wir wieder. Wir übernachten in Hostels und Jugendherbergen und schlafen manchmal auch unter freiem Himmel oder im Zelt.« Ich blieb so abrupt stehen, dass das nächste Paar sehr unschön mit uns kollidierte.

Hans und Laura blickten mich aus der Ferne missbilligend an. Sie wissen, dass ich heimlich führe, und missbilligen auch das. Ich blieb trotzdem einfach so auf der Tanzfläche stehen und funkelte den Mann in meinen Armen an.

»Südamerika? Rucksack? Hostels? Bist du verrückt geworden? Dafür bin ich echt zu alt!«

Also das mit dem »Dafür bin ich echt zu alt« flutschte mir einfach so heraus, noch bevor ich richtig nachdenken konnte.

Vor meinen Augen flackerten durchgelegene schimmelige Matratzen auf, Kakerlaken im Bad und Zehnbettzimmer mit einer einzigen Toilette und einer gammligen Dusche auf dem Flur.

War er jetzt völlig durchgedreht? Hatte ihm dieses sonntägliche Herumwirbeln seinen Geist verwirrt? Ich schätze Bequemlichkeit, mein Sofa und gute Hotels mit noch besseren Hotelbetten.

Und für alles andere bin ich nun wirklich zu alt.

Der Mann blickte mich mit hochgezogener Augenbraue an.

Ich wollte ihn weiterschieben, aber er bewegte sich keinen Millimeter.

Ich seufzte.

»Okay. Deal. Du hast recht. Ich gebe es zu, für manche Dinge bin ich echt nicht mehr jung genug – das heißt, ich will sie einfach nicht mehr, weil ich sie schon kenne und nicht noch mal in meinem Leben haben muss.«

Der Mann nickte erleichtert, und wir bewegten uns in den letzten Salsa hinein.

Seitdem liegen wir sonntags wieder sehr gemütlich auf dem Sofa und schauen den neuesten *Tatort*.

Dafür sind wir nie zu alt, haben wir beide übereinstimmend festgestellt.

Und vielleicht tanzen wir im nächsten Herbst durch Südamerika – aber garantiert nicht mit dem Rucksack. Und die Nächte verbringen wir ganz sicher in hervorragenden Hotelbetten.

Das Gesichtsbuch

Ich muss Ihnen leider die bittere Wahrheit sagen:

Nichts macht einen heutzutage älter als ein aktives Profil auf Facebook.

Falls Sie also jetzt noch so ein Profil besitzen, löschen Sie es. Sofort.

Auch wenn das unglaublich schwierig ist (es dauert ewig, den richtigen Link zu finden) und Sie dadurch auf einen Schlag einhundertsiebenundsechzig Freunde verlieren. Denken Sie immer daran, Sie gewinnen dabei mindestens zehn Lebensjahre, und Online-Freunde sind doch gar keine richtigen Freunde.

Also weg damit.

Nur Menschen aus dem vorigen Jahrhundert benutzen noch Facebook. Und wenn ich Menschen aus dem vorigen Jahrhundert sage, kommen Sie sich plötzlich wirklich ganz alt vor, oder?

Sehen Sie, ich habe recht.

Facebook ist ab sofort tabu, falls Sie in irgendeiner Form noch nicht zu den lebenden Zombies gehören wollen. Also, falls Sie doch noch bei Facebook rumhängen, sind Sie sehr *oldschool*, und das ist nicht als Kompliment gemeint. Das ist nicht wie ein alter 911er Porsche, der mit den Jahren immer wertvoller wird, das ist eher so, als ob Sie dieselbe Zahnbürste seit 2004 benutzen würden.

Dieses altersmäßige Versagen in den sozialen Medien lässt sich nur noch dadurch toppen, dass Sie überhaupt und gar nicht wissen, was TikTok ist, bei Snapchat noch nie gesnapt haben und YouTube für die Londoner U-Bahn halten.

Woher ich das alles so genau weiß?

Tja, ich gehöre ja irgendwie zu dieser Internet-Sandwich-Generation.

Ich habe ältere Eltern und eine jüngere Tochter, und irgendwo in der Mitte im ganzen Lauf des Lebens stecke ich online fest.

Mitten im Internet sozusagen.

Meiner Tochter wurde damals nach der Geburt bei der Durchtrennung der Nabelschnur gleich ein iPhone überreicht, damit sie sich weiterhin mit der Welt verbunden fühlte, und sie ist ein klares Beispiel der Generation Internet. Sie kann schneller auf dem Ding tippen, als ich lesen kann, und es existieren wahrscheinlich 234.563.289.953.234 Bilder von ihr im Internet.

Das heißt, ich bekomme hier zu Hause täglich vor Augen geführt, wie das Internet und meine Tochter an mir vorbeirauschen und wie beide mich ahnungs- und fassungslos zurücklassen, obwohl mein Handy mir jede Woche sagt, dass ich viel zu viele Stunden mit dem blöden Teil verbringe.

Meine Tochter findet im Übrigen, ein iPhone sei an mich verschwendet, da ich das Ding sowieso nicht anständig bedienen kann.

Es gibt Momente, da stimme ich ihr innerlich stumm zu. Zum Beispiel wenn ich irgendeine neue App runterlade und heimlich Stunden damit verbringe zu checken, wie sie denn funktionieren soll. Öffentlich würde ich so etwas natürlich nie im Leben zugeben.

Das wäre mein virtueller Tod.

Meine Tochter würde mich extrem peinlich finden.

So alt und so senil. Aber ich habe den leisen Verdacht, dass sie das sowieso ab und zu von mir denkt.

Also meine Tochter steht auf der einen Seite – organisch mit dem Handy verwachsen –, und auf der anderen Seite sind meine Eltern, die fast ihr ganzes Leben ganz wunderbar ohne Handys und Internet klargekommen sind.

1893 gab's das einfach noch nicht, aber meine Eltern gehen natürlich mit der Zeit und haben jetzt auch iPhones und einen Computer zu Hause.

Nicht immer zu meinem Vergnügen, muss ich gestehen.

Jedes Mal, wenn ich meine Eltern besuche, muss ich den Computer neu einrichten. Meine Mutter traut sich nicht, Cookies zu akzeptieren, obwohl ich ihr gesagt habe, dass das keine echten Kekse sind. Sie traut sich auch nicht, eine Zustimmung zu geänderten Geschäftsbedingungen zu geben oder sonst irgendwas anzuklicken. Sie hat unfassbare Angst, dass das Internet direkt auf ihr Konto zugreifen könnte und sie mit einem Klick zehn Pizzen, dreißig Heizdecken und fünfzehn Katzenbabys bestellen könnte. Ich habe ihr schon des Öfteren erklärt, dass man im Internet auch bezahlen muss, um etwas zu bestellen, und dafür ja auch Kontendaten oder Kreditkartendaten angeben muss und man ja grundsätzlich alles zurückschicken könnte, aber meine Mutter bleibt da misstrauisch. Bei Katzenbabys ist das mit dem Zurückschicken wohl auch wirklich schwierig.

Ich denke, heimlich hält meine Mutter das Internet für ein lebendes Wesen, das selbstständig ganz unheimliche Dinge veranstalten kann.

Vielleicht hat sie da ja recht.

Also, ich hänge nicht nur generationsmäßig zwischen meiner Tochter und meinen Eltern, sondern auch, was die Digitalisierung betrifft. Aber da bin ich – wenn ich mir Deutschland so anschaue – in ganz guter Gesellschaft. Schließlich war ja auch für unsere frühere Bundeskanzlerin die Digitalisierung immer irgendwie Neuland. Nun gut, Frau Merkel ist um einiges älter als ich, da kann das schon mal vorkommen.

Ich könnte in jedem Fall schwören, meine Tochter weiß gar nicht, dass es so was wie Facebook überhaupt gibt.

Dabei war das damals DAS DING überhaupt.

So wie das ganze Internet.

Es gibt ja vieles im Leben, was das wahre Alter eines Menschen verrät, also graue Haare beispielsweise, ein Gebiss oder ein Bandscheibenvorfall und fünf Ex-Frauen. Aber der beste Altersindikator überhaupt sind meiner Meinung nach die sozialen Medien.

Und daran ist nicht nur Facebook schuld.

Wollen wir mal ehrlich sein, die sozialen Medien sind natürlich überhaupt nicht sozial, sondern furchtbar asozial und absolut altersdiskriminierend.

Jawohl.

Das musste hier jetzt mal gesagt werden.

Diese ganzen Aktivitäten finden ja meistens auf irgendeiner App und damit fast immer auf dem Smartphone statt. Das ist echt gemein, weil ich das Smartphone nämlich eigentlich nur mit einer Lesebrille bedienen kann. Oder vielmehr nur mit einer Lesebrille bedienen sollte.

Leider liegt meine Lesebrille immer genau da, wo ich nicht liege oder sitze oder stehe.

Das heißt, ich tippe sehr oft WhatsApp-Nachrichten im Nebel und auf Verdacht und mit einer blöden Autokorrektur, die mich dann gerne und mit Vorsatz verarscht. Aber was soll ich machen? Meine Arme sind einfach nicht lang genug und meine Finger nicht zierlich genug, um die winzige Tastatur professionell bedienen zu können.

So habe ich einer Freundin neulich eine WhatsApp-Nachricht mit dem Text »Na, du Nutte, was treibst du heute Abend so?« geschrieben.

Das sollte natürlich heißen: »Na, du Liebe, was machst du heute Abend so?«

Und dem Mann an meiner Seite textete ich vor Kurzem: »Ich liege gerade mit Franz im Bett.«

Das sollte eigentlich heißen: »Ich liege gerade mit Fieber im Bett.«

Ich sag's ja, die Autokorrektur in meinem Handy hat was gegen mich, keine Ahnung, wieso die immer so gemein zu mir ist. Ich habe sie nur ein paarmal angeschrien, das gebe ich zu, aber ich schwöre, ich hatte auch guten Grund.

Also nach diesen Nachrichten hatte ich einiges zu tun, um mein soziales Leben wieder auf die Reihe zu bekommen.

Aber nicht nur das.

Die sozialen Medien bestehen ja leider nicht nur aus Text, sondern ja auch aus jeder Menge Bilder.

Und aus jeder Menge Selfies.

Selfies sind meiner Meinung nach selbst dann äußerst schwierig, wenn man noch deutlich jünger ist als Sie und ich. Kaum jemand sieht so von oben herab fotografiert besonders vorteilhaft aus. Und leicht von unten in die Nasenlöcher, als ob sie die Einfahrt in den Gotthardtunnel wären, ist auch keine Perspektive, die einfach jedem spontan gut steht.

Aber wenn man jünger ist, kommt man noch mit alldem ziemlich glimpflich davon. Da ist ja auch noch alles am richtigen Platz, wenn auch perspektivisch leicht verzerrt. Und glauben Sie ja nicht all den spontanen Selfies von Promis – die sind alle sehr sorgfältig inszeniert und mehrfach überarbeitet von professionellen Teams, die den ganzen Tag nichts anderes tun, als gut aussehende Men-

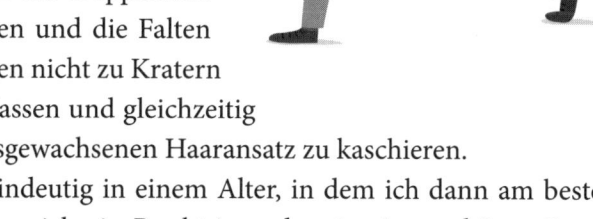

schen noch bes-
ser aussehen zu lassen.

Aber wenn man nicht mehr
ganz so taufrisch ist, ist so ein Selfie eigentlich eher Selbstverstüm-
melung. Ich weiß gar nicht, wie
ich diese blöde Kamera halten soll, um ein Doppelkinn
zu vermeiden und die Falten
um die Augen nicht zu Kratern
werden zu lassen und gleichzeitig
meinen rausgewachsenen Haaransatz zu kaschieren.

Ich bin eindeutig in einem Alter, in dem ich dann am besten
aussehe, wenn ich ein Punkt irgendwo in einer schönen Land-
schaft bin.

Ein möglichst kleiner Punkt, möchte ich hinzufügen.

Und das geht ja wohl nicht nur mir so.

Ich kann mich an eine ältere Tante von mir erinnern, die sich
früher, als es noch gar keine digitalen Fotos gab, erfolgreich um jedes Foto von sich gedrückt hat. Seit sie ungefähr vierzig war, gibt
es kein Foto mehr von ihr. Mittlerweile ist sie weit über achtzig.
Sollte sie also jemals verloren gehen oder gekidnappt werden, wird
es schwierig. Die Familie kann der Polizei kein einziges aktuelles
Foto für die Suche vorlegen.

Also Selfies sind eher doof. Aber Gott sei Dank gibt es ja solche
Filter, die man über die Bilder legen kann; damit sieht man dann
besser aus als nach zehn Wochen Malediven.

Es gibt übrigens auch einen Filter, der einen automatisch so zehn bis zwanzig Jahre jünger macht. Hat mir natürlich meine Tochter aufs Handy geladen, und ich hab's gleich ausprobiert.

Leider hatte ich danach den Schock meines Lebens. Ich sah aus wie ein Barbiepuppenzombie.

Sie kennen doch sicher diese Bilder im Internet, die alle furchtbar missglückten Schönheitsoperationen von Promis zeigen. So Vorher/Nachher-Bilder, bei denen man sich wirklich gruselt und sich wundert, wieso so viel Unfall so viel Geld gekostet hat.

Also das Selfie, das ich von mir gemacht und danach mit diesem Zwanzig-Jahre-jünger-Filter bearbeitet hatte, sah genauso aus, wie ich aussehen würde, wenn ich zu viel Geld und zu wenig Hirn hätte und dabei viel zu süchtig nach Schönheits-OPs wäre.

Ein Unfall, von dem man leider den Blick nicht wenden kann.

Sollte meine Familie dieses Foto jemals der Polizei vorlegen müssen, weil ich blöderweise gekidnappt worden bin, würden die nach einer sehr schrägen und deutlich jüngeren Mischung aus Sylvie Meis und Barbara Schöneberger Ausschau halten. Dabei sehe ich im realen Leben doch manchmal eher aus wie Alf. Ich hätte also schlechte Chancen, mit diesem Bild jemals wiedergefunden zu werden.

Ich habe es daraufhin wieder gelöscht und lasse jetzt lieber die Finger von dem Filter.

Schließlich habe ich kein aktives Facebook-Profil mehr. Das muss als Verjüngung einfach reichen.

Déjà-vu

Neulich hatte ich mitten in der Stadt beim Einkaufen ein ziemlich heftiges Déjà-vu-Erlebnis.

Déjà-vu – also »schon mal gesehen« – nennt man diese manchmal etwas befremdliche Empfindung, dass man das, was man gerade erlebt, schon einmal genauso in der Vergangenheit erlebt hat. Also, ich finde dieses Gefühl etwas gruselig, weil ich dann befürchte, ich befinde mich als Hauptdarstellerin in einem Film, der so ähnlich wie *Und täglich grüßt das Murmeltier* funktioniert, und als Einzige nicht checke, welche emotionale Entwicklung ich durchmachen muss, um aus dem ganzen Schlamassel wieder rauszukommen. Ich suche dann immer heimlich nach versteckten Kameras – ich sag ja, dieses Déjà-vu ist ziemlich creepy.

Als ich neulich mal wieder dieses komische Gefühl hatte, stand ich in einem Sportgeschäft auf der Suche nach neuen Bergschuhen, da meine noch aus dem letzten Jahrtausend stammen (auch das klingt gruselig, ich weiß). Gerade als ich mich umdrehte, um in dem Regal nach einem bequemeren Paar zu suchen, stand plötzlich Gisela aus der 13 B vor mir.

Live und in Farbe.

Also die Gisela Schmidt, die damals in meiner Parallelklasse war.

Gisela trug damals (ich sag jetzt extra nicht, welches Jahr es war) meistens Karottenhosen, dazu enge neonfarbene Tops und riesige bunte Creolen in den Ohrläppchen. Gisela Schmidt in dem Sportgeschäft direkt vor mir im Jahre des Herrn 2022 trug eine Karottenhose, ein enges knallpinkes Top und dazu riesige goldfarbene Creolen.

Mein Gehirn versuchte die Situation zu verarbeiten.

Ich habe Gisela sofort erkannt, obwohl ich normalerweise Probleme damit habe, Leute wiederzuerkennen. Karottenhose, Neontop und Creolen hatten sich offensichtlich tief in mein Gedächtnis eingebrannt.

Gisela sah tatsächlich genauso aus wie früher – sogar die Frisur war noch die gleiche: halblang, blond, Pony.

Aber irgendwas war komplett irritierend daran, und mein Gehirn versuchte angestrengt, zwei Bilder übereinanderzulegen.

Die Gisela von damals und die Gisela von heute.

Irgendwie gleich und doch ganz anders.

Denn das Gesicht und der Körper von Gisela wollten nicht ganz zu dem Rest passen. Sie hatte deutlich mehr Falten als früher und sicher auch deutlich mehr Gewicht.

Ich will da überhaupt niemanden gar nicht und auf gar keinen Fall diskriminieren. Schließlich geht es mir und 99,9 Prozent aller Frauen genauso, wenn man plötzlich dreißig Jahr älter ist. Dann hat man leicht dreißig Falten und dreißig Kilo mehr. Und wenn das alles ist, ist man ja noch gut davongekommen, denke ich mal.

Das war auch gar nicht das Problem.

Das Problem war eher, dass alles andere an Gisela komplett unverändert war – also das Outfit und die Frisur. Es war wie bei einem Vexierbild – Sie wissen schon, so ein Bild, in dem zwei Bilder gleichzeitig drin sind. Je nachdem, welchen Blickwinkel man einnimmt, sieht man entweder das eine oder das andere.

Mein Déjà-vu wurde immer schlimmer.

Ich schielte leicht nach oben – die hatten in diesem Sportladen tatsächlich eine Kamera an der Decke angebracht. Ich sah das rote Licht blinken. Die beobachteten mich! Unfassbar! Aber die Kamera diente hoffentlich eher dazu, Ladendiebe zu erwischen, als mich bei *Verstehen Sie keinen Spaß* unterzubringen, versuchte ich mich zu beruhigen.

Gisela erkannte mich auch sofort und fiel mir um den Hals, wodurch ich einen Schwall Patschuli abbekam. Ein gängiger Duft der Achtziger- und frühen Neunzigerjahre.

Ich war plötzlich in einer Zeitblase gefangen.

Hatten wir vielleicht in Wirklichkeit gerade das Jahr 1993? Waren wir irgendwo heimlich beim Schuleschwänzen? Spielte hier nicht gerade im Hintergrund »I'd do anything for love« von Meat Loaf?

Mein Gehirn machte einen Salto – die spielten hier tatsächlich gerade als Hintergrundmusik irgendeine schreckliche Coverversion von dem tollen Song. Ich war auf dem Planeten irgendwo um 1993 gelandet.

Zumindest für ein paar Augenblicke.

Déjà-vu total.

Mein Herz schlug deutlich zu schnell.

Also entweder war ich tatsächlich in so einem Murmeltierfilm, oder ich hatte einen an der Waffel.

Ich zwickte mich heimlich, um mich etwas zu beruhigen. Und dann dachte ich an meine Theorie – also nicht zum Déjà-vu, aber zu Frauen, die über Jahrzehnte hinweg ihren Stil überhaupt nicht verändern.

Ich denke, dass Frauen häufig mode- und stylingmäßig in der Zeit stecken bleiben, in der sie sich am wohlsten und am tollsten gefühlt haben. Sie wollen einfach den Moment des »I've had the time of my life« für die nächsten Jahrzehnte konservieren. Und manchen Frauen gelingt das auch erstaunlich gut.

Keine Ahnung, wo Gisela in den letzten Jahren Karottenhosen herbekommen hat, aber wahrscheinlich gibt's die irgendwo im Internet. Und neonfarbene Tops sind gerade wieder total in. Das weiß ich jetzt von meiner Tochter, die übrigens auch sehr gerne Creolen trägt.

Irgendwie kommt sowieso mode- und stylingmäßig alles wieder – wenn auch in veränderter Form. Ich bin ja inzwischen alt genug, um einige modische »Siebzigerjahre-Revivals« inklusive Schlaghosen miterlebt zu haben – leider.

Also Gisela hatte offensichtlich die beste Zeit ihres Lebens Anfang der Neunzigerjahre.

Es gibt deutlich schlimmere Jahrzehnte, dachte ich und strahlte Gisela an. Gisela strahlte zurück und meinte: »Hey, ich habe dich sofort erkannt, du hast dich überhaupt nicht verändert. Trägst immer noch gerne eine Lederjacke, wie ich sehe – und du musst mir unbedingt deinen Friseur verraten. Unglaublich, wie er es schafft, deine Frisur aus der Schule so gut nachzustylen. Aber unter uns Betschwestern – die Farbe ist doch sicher schon seit ein paar Jahren nicht mehr echt.« Gisela zwinkerte mir zu: »Ich färbe schon lange zu Hause – das geht ja sonst unglaublich ins Geld.«

Ich nickte einfach, ich war immer noch total durcheinander.

Dann stellte mir Gisela ihre beiden fast erwachsenen Töchter vor, mit denen sie hier gerade eine Kletterausrüstung kaufen war, und ich zeigte ihr ein Foto meiner Tochter.

Wir gingen auseinander mit dem gegenseitigen Versprechen, uns mal auf einen Kaffee und einen Cola-Cognac zu treffen (eines unserer Lieblingsgetränke in der Schulzeit – auch das ist gruselig, genau betrachtet). Als wir uns verabschiedeten, drückte mich Gisela noch mal und sagte: »Du hast dich übrigens fast gar nicht verändert. Nur mehr Falten und ein paar Kilo mehr – wie wir alle eben.«

Ich seufzte und kaufte an diesem Tag ein paar überteuerte Bergschuhe für das neue Jahrtausend.

Tritt ein Déjà-vu übrigens gehäuft auf, sollte man dringend zum Arzt gehen. Es könnte der Beginn einer neurologischen Erkrankung sein.

Auf dem Nachhauseweg überlegte ich lange hin und her, ob das »Du hast dich überhaupt nicht verändert, bis auf die Falten und die Kilos« jetzt ein Kompliment oder eine Beleidigung gewesen war.

Nun, weise, wie ich als minimal ältere Frau mittlerweile nun mal bin, entschied ich mich, es einfach als Kompliment zu nehmen.

Aber die frühen Neunziger waren jetzt echt nicht »the time of my life« – oder vielleicht doch?

Und gibt es hier vielleicht doch noch irgendwelche anderen versteckten Kameras?

Creepy, ich weiß.

Der Sex des Alters

Neulich war ich mit meiner Cousine in einem Fashion-Outlet shoppen. Dort, in der Nähe einer sehr netten Kleinstadt, wo meine Eltern wohnen und wo ich auch früher mal gewohnt habe, ist gleich um die Ecke so ein Outlet-Center, und ich gehe da echt gerne hin. Irgendwas finde ich immer, und ich habe auch schon einige Schnäppchen gemacht. Außerdem gibt's da auch ein paar Cafés, und von Koffein kann man meiner Meinung nach nie genug haben.

Das mit dem Kaffee ist wie mit den Klamotten, nur deutlich billiger.

Als ich dann endlich aus dem Outlet zurück und wieder bei meinen Eltern im Haus war, betrachtete ich stolz meine Beute:

- fünf Edelstahltöpfe mit Kupferböden (im Set deutlich günstiger, ein echtes Schnäppchen)
- vier Duftkerzen (Rose/Wood/Lemon/Frisches Gras)
- ein Bettbezug in Übergröße aus Leinen (mehr als fünfzig Prozent reduziert) und
- ein Kaffeeservice für sechs Personen (ich konnte dem Dekor einfach nicht widerstehen, und hier gibt es nichts zu meckern, das gab es schließlich zum Outlet-Preis).

Und das alles nach dem Besuch in einem FASHION-Outlet.

Seufz.

Mir wurde schlagartig etwas klar: Meine Shopping-Schätze sprachen eine eindeutige Sprache – ich bin nicht mehr die Jüngste.

Früher habe ich mein Geld gerne und natürlich viel zu oft für Jacken, Hosen, Kleider etc. ausgegeben. Nicht besonders umweltfreundlich, ich weiß, aber darum geht's hier gerade nicht.

Hier geht es um Folgendes:

Ich hatte kein einziges Kleidungsstück erlegt.

Nach mehr als zwei Stunden.

Das könnte eventuell vielleicht daran liegen, dass ich heutzutage, bevor ich eine Hose finde, in die ich locker reinpasse, etwas länger suchen muss als früher.

Oder vielleicht liegt es daran, dass es so Tage gibt, an denen mein Spiegelbild irgendwie gemein zu mir ist und ich völlig anders aussehe als in meiner Erinnerung.

Oder vielleicht liegt es auch daran, dass es Umkleidekabinen gibt, in denen selbst ein Supermodel im Spiegel aussehen würde wie ich.

Und überhaupt! Dieser eine blöde Spiegel in dem einen Modeladen war sogar so wunderbar ausgeleuchtet, dass ich mich vor mir selbst erschrocken habe. Also sooo alt sehe ich nun wirklich nicht aus.

Aber es hilft alles nichts.

Ich muss der Wahrheit ins Auge blicken: Ich shoppe mittlerweile am liebsten in der Abteilung »Keine Klamotten«.

Also, Handtaschen gehen noch. Handtaschen gehen selbst an solchen Tagen, an denen man sich ganz schön alt fühlt. Eine Handtasche passt einfach zu jeder Größe und zu jedem Alter, und damit lässt sich jedes Outfit aufpeppen.

Aber Handtaschen sind ja auch keine Klamotten.

Spontan fiel mir beim Blick auf meine Nicht-Klamotten-Schätze ein Spruch von Onkel Franz von früher ein: »Essen ist der Sex des Alters«, sagte er oft, während er sich noch ein Kuchenstück reinschob und mit der anderen Hand stolz seinen Zwölfter-Monat-Bier-Kuchen-Bratenbauch streichelte.

Nun war Onkel Franz (Gott hab ihn selig) schon immer etwas füllig und auch in jüngeren Jahren bereits kein Kostverächter gewesen, und früher, als ich selbst noch jünger war, habe ich über so einen Spruch auch nie nachgedacht.

Jetzt aber hatte ich plötzlich für einen Moment Panik.

Nicht vor Kuchenstückchen – obwohl, vor denen auch.

Was ist, wenn die sexuelle Erfüllung des Mittelalters darin besteht, Töpfe mit Kupferboden zu kaufen?

Wie grauenvoll!

Dafür bin ich eindeutig noch nicht bereit.

Das durfte nicht sein.

Ich meine, es geht hier nicht um Sex, also nicht direkt, es geht hier darum, was noch geht.

Wild entschlossen stieg ich wieder in mein Auto und fuhr zurück ins Outlet.

Meine Kreditkarte weinte, aber das war mir total egal.

Ich musste etwas unternehmen. Raus aus meiner Alters-Komfortzone. Rein in die Hosen. In die Kleider. In die Jäckchen.

Drei Stunden später kam ich völlig erschöpft mit etlichen Tüten wieder nach Hause.

Na, geht doch.

Hosen, Kleider, Jacken und Schuhe türmten sich vor mir auf.

Man muss nur wollen, dann fühlt man sich gar nicht so »Schau mal, was für einen schönen Kochtopf ich mir gerade gekauft habe«-alt.

Abends lag ich dann immer noch erschöpft von meinen beiden Shoppingtrips ins Outlet-Center im Bett in meinem alten Jugendzimmer, in dem die Zeit stehen geblieben ist. Ich telefonierte noch kurz mit dem Mann an meiner Seite, der in München weilte, dann wandte ich mich meiner Lieblingsbeschäftigung zu: Ich klappte den Laptop auf und surfte durch das Internet auf der Suche nach schön eingerichteten Häusern oder Wohnungen.

Nicht, dass ich mir so was leisten könnte wie die Fünf-Zimmer-Villa mit Pool und Meerblick auf Mallorca, aber es entspannt mich irgendwie, mir diese tollen Wohnungen und Häuser anzuschauen.

Ich lag da in dem schmalen Bett meiner Jugend, und mein Blick fiel auf ein paar alte Poster, die noch immer an der Wand kleben.

Dann fiel mir auf, dass nicht nur mein Einkaufsverhalten sich mit den Jahren doch sehr verändert hat. Früher war ich, wenn ich meine Eltern besucht habe, abends meistens unterwegs, um alte Freunde zu treffen. Jetzt lag ich hier im Bett und traf überteuerte Immobilien.

Wie grauenvoll!

Dafür war ich eindeutig noch nicht bereit.

Das durfte nicht sein!

Ich klappte wild entschlossen den Computer zu und wollte losstürmen in die nächste Kneipe, auf der Suche nach ein paar Jugendfreunden und vielleicht auch nach meiner Jugend.

Dann klappten mir einfach die Augen zu.

Was soll ich sagen?

Älter werden hat auch seine Vorteile. Man weiß einfach, wann man nachgeben muss.

Und meine Jugendfreunde kann ich schließlich auch tagsüber treffen.

Zum Beispiel zu einem Kaffee im Outlet-Center.

Das geht immer – in jedem Alter.

Und falls Sie es noch nicht wissen: Überteuerte Immobilien anschauen ist tatsächlich der wahre Sex des mittleren Alters. Versuchen Sie es einfach mal – es ist mindestens so entspannend.

Der steht ihr aber gut

»Heeeeeeeeeeeeeeeuuuuuhuuuuuuheuuuuuuuul.«

Lotte schnieft und schnäuzt, sie blickt mich kurz an, nimmt noch einen großen Schluck Trost aus dem Weißweinglas, das ich ihr hingestellt habe, und sagt dann mit tränenerstickter Stimme zu mir: »Ich weiß gar nicht, wie ich das überleben soll.«

»Du sollst das gar nicht überleben«, sage ich eiskalt.

Lotte blickt mich entsetzt an.

»Aber ich will mich doch gar nicht umbringen. So weit bin ich nicht – noch nicht ...«, stottert sie mit etwas zu viel dramatischem Tremolo in der Stimme.

»Du sollst dich auch nicht umbringen. Du nimmst jetzt das Handy, rufst ihn an und sagst ihm, dass du einen furchtbaren Fehler gemacht hast und ihn wiederhaben willst.«

»Aber ... aber ...«

»Kein Aber ... Hier ...« Ich reiche Lotte ihr Handy, das sie zögerlich entgegennimmt.

»Aber wenn er mich gar nicht mehr will?«

»Du hast doch Schluss gemacht, und er hat gesagt, du hast ihm damit das Herz gebrochen, also kannst du es auch wieder zusammenflicken, zusammenbinden oder zusammenschweißen, was auch immer verlangt wird.«

Lotte blickt zweifelnd auf das Handy und dann zweifelnd auf mich.

»Aber dann geht alles wieder von vorne los. All die Blicke. Die Bemerkungen hinter meinem und unserem Rücken. Die blöden Witze und das ganze andere Zeug.«

»Ich weiß, aber das sollte dir doch egal sein.«

»Ist es mir aber nicht, also manchmal nicht, und es ist echt schwierig, wenn du das Gefühl hast, dass alle ständig über dich tratschen und tuscheln. Und als wir auf der Geburtstagsfeier von Andreas zusammen waren, hat mich tatsächlich dieser eine Freund von Andreas gefragt, ob Carl mein Sohn ist und ob er nicht etwas zu alt sei, um mit seiner Mama auf so eine Feier zu gehen.«

»Gut, das war nicht schön und auch nicht nett, sondern doof. Aber du lässt dich doch nicht von so einem Geschwätz dermaßen einschüchtern, dass du deswegen den Rest deines Lebens im Unglück verbringst, oder?«

Lotte blickt mich immer noch zweifelnd an.

»Liebst du ihn oder nicht?«

Lotte nickt und schnieft.

»Liebt er dich oder nicht?«

Lotte nickt wieder, und ihre Augen beginnen ein wenig zu leuchten.

»Lass die Leute reden, das tun sie sowieso. Haben das nicht so oder so ähnlich schon Die Ärzte gesungen? Bist du nicht alt genug, um auf das Geschwätz der Leute nichts zu geben?«

Lotte blickt mich traurig an, und ich kann mir als minimal ältere Frau vorstellen, wie schwierig es ist, mit einem deutlich jüngeren Mann zusammen zu sein. Vieles wird heutzutage viel eher toleriert als früher: lila Haare, nackte Brüste und drei Beine regen fast niemand mehr auf. Aber eine etwas ältere Frau mit einem deutlich jüngeren Mann – das führt gerne zu deutlich dämlichen Bemerkungen:

»Der will doch nur Sex und keine Beziehung.«

»Der ist sicher nur hinter ihrem Geld her.«

»Der wird sie schneller für eine Achtzehnjährige verlassen, als sie Piep sagen kann.«

»Also, wenn sie siebzig ist, ist er wie alt? Siebzehn?«

»Das könnte ihr Sohn sein, wie peinlich.«

»Also, ich könnte das nicht, mit so einem Altersunterschied.«

»Ich finde, sie macht sich absolut lächerlich.«

»So viel Botox gibt es gar nicht auf der Welt, dass so eine Beziehung funktionieren kann.«

Wenn man nicht gerade Madonna ist, sondern eine normale Frau mit einem normalen Leben, sind jüngere Männer – also deutlich jüngere Männer, so ab zehn Jahre tiefer – immer noch etwas, bei dem manche Leute erheblichen Schluckauf bekommen.

Lotte blickt mich seufzend an.

»Im Grunde genommen hast du ja recht. Das Gerede sollte mir egal sein, zumindest sollte ich es mir nicht so zu Herzen nehmen.«

»Ja. Eben. Du musst dir nur sagen: Selbst, wenn jedes Einzelne oder sogar alles zusammen bei eurer Beziehung zutreffen sollte und wenn er nur hinter deinem Geld her wäre und dich morgen für eine Achtzehnjährige verlässt, dann hast du trotzdem in jedem Fall vorher mit ihm jede Menge Spaß gehabt – und darum geht es doch im Leben. Zumindest manchmal. Und warum sollten Männer das Privileg haben, deutlich jüngere Frauen abzuschleppen? Denk mal an Woody Allen, Mick Jagger oder Silvio Berlusconi. Und was ist mit Leonardo DiCaprio? Der wird auch älter, nur seine wechselnden Freundinnen sind immer unter fünfundzwanzig. Was die können, können wir auch«, sage ich trotzig.

Lotte nickt zaghaft, noch nicht so wirklich überzeugt.

Frauen fühlen sich leider mit jüngeren Männern öfter mal viel älter, als sie sind, während Männer sich mit jüngeren Frauen viel jünger fühlen, als sie sind.

Das ist paradox.

Und außerdem ist das ziemlich gemein und ungerecht, finde ich, und deshalb sollte man es dringend ändern.

Denn das muss nicht so sein, es ist nur ein Gefühl, es ist eine Frage, wie man sich und die Welt betrachtet.

Ich habe Lotte überzeugt. Sie schnappt sich ihr Handy und ruft ihren Carl an.

Inzwischen sind die beiden wieder ein Paar. Carl ist sogar in Lottes Reihenhaus eingezogen. Die Nachbarn zerreißen sich immer noch das Maul, aber seit Lotte mitbekommen hat, dass der Typ aus dem Haus rechts von ihr seine Frau mit einer halb so alten Rothaarigen betrügt, geht sie mit hocherhobenem Haupt durch die Straße und durch den Vorgarten in ihr Reihenhaus.

In der offenen Tür wartet Carl schon auf sie und begrüßt sie demonstrativ mit einem fetten Kuss, den alle sehen – und auch sehen sollen.

Lotte fühlt sich so jung wie schon ewig nicht mehr.

Na, geht doch.

Und Madonna – wohl schon über sechzig, zumindest manche Teile an ihr – hat, wenn man der Klatschpresse glauben darf, gerade einen Zwanzigjährigen an der Angel.

Aber das könnte auch nur ein Gerücht sein.

Ach – lass die Leute reden.
Das haben die immer schon gemacht.
Und das wussten auch schon Die Ärzte.

Dísco

Ich bin ja ziemlich spät Mutter geworden, das ist an und für sich gar nicht schlecht, weil man dadurch auch noch so hochbetagt, wie ich mittlerweile in den Augen meiner nicht mehr ganz so jugendlichen Tochter bin, doch noch guten Kontakt zur Jugend hat.

Das macht einen selbst wieder ganz jung, habe ich mir sagen lassen.

Vielleicht macht es einen aber manchmal auch älter, sage ich zu mir selbst.

Also, meine Tochter, die jetzt wirklich aus dem Gröbsten raus ist – zumindest so weit, dass sie sich selbstverantwortlich wieder in das Gröbste werfen kann –, ist in dem Alter, in dem man sich noch gerne und freiwillig die Nächte um die Ohren haut.

Ich finde ja allein die Redewendung »sich die Nächte um die Ohren hauen« wunderbar. Genauso würde sich das für mich anfühlen, müsste ich des Nachts um 23.21 Uhr das Haus verlassen und dürfte nicht vor 06.43 Uhr wieder zurückkommen.

Für meine Tochter fühlt sich so was aber genau richtig und ganz wunderbar an.

Das ist Jugend.

Für mich wäre es, wie schon gesagt, eher eine Art Folter.

In etwas fortgeschritte-
nem Alter legt man doch
sehr viel Wert auf guten,
langen, erholsamen Schlaf
und findet, dass 21.34 Uhr
eine perfekte Zeit ist, um
endlich! ins Bett zu gehen.
Allerdings kann ich mich noch
ganz vage irgendwo in meinem Hin-
terkopf daran erinnern, dass ich vor ein paar Ewigkeiten selbst so
eine Nachtschwärmerin war. Und mit mir der ganze Rest meiner
damals jugendlichen Bande.

Meine Tochter geht jetzt übrigens in dieselben Discos, in denen
ich in meiner Studienzeit hier in München unterwegs war. Es ist
bei ein paar von diesen Schuppen wirklich erstaunlich, dass es sie
überhaupt noch gibt. Die heißen aber nicht mehr Disco wie zu
unserer Zeit, sondern nennen sich jetzt ganz vornehm »Club« –
das nur zur Info, falls Sie keine Kinder haben und daher in dieser
Hinsicht nicht auf dem neuesten Stand sind.

Aber im Grunde genommen ist es das Gleiche: laute Musik,
überteuerte Getränke, schummriges Licht, jede Menge Pheromone
und keine frische Luft.

Wenigstens wird nicht mehr drinnen geraucht. Zu meiner Zeit
war da ja alles im Nebel. Das kann aber auch an etwas anderem als
nur den Zigaretten gelegen haben.

Irgendwie ist es mir peinlich, dass meine Tochter jetzt in ein
paar Läden geht, in denen ich früher auch bis zum Grauen des
Morgens abhing. Ich habe ihr davon erzählt, aber hoffe, sie bekommt dadurch jetzt nicht ein völlig falsches Bild von ihrer Mutter.

Nichts würde mir mittlerweile ferner liegen, als noch einmal
ins P1 zu gehen. Und das nicht nur, weil die Drinks sicher noch

teurer sind als früher oder ich die Lautstärke nur noch zwei Sekunden ertragen könnte. Der Türsteher würde mich wahrscheinlich sowieso – ganz wie früher – nicht reinlassen, mich dafür aber mittlerweile fragen, ob ich hier bin, um meine Tochter abzuholen. Das ist übrigens ein extrem guter Trick, das hat Natalie, eine Freundin von mir, vor Kurzem ganz praktisch rausgefunden.

Nach ihrer Scheidung hatte Natalie irgendwann keine Lust mehr, alleine zu Hause zu sitzen und zu heulen, und beschloss, ihre Jugend einfach noch mal zu durchleben.

Warum auch nicht?

Ihr neunzehnjähriger Sohn wohnte bei seinem Vater, der im Übrigen seine Jugend mit einer deutlich jüngeren Frau noch einmal durchlebte, und Natalie fühlte sich zu jung, um alleine auf dem Sofa zu schimmeln. So ging sie einfach mal eines Freitagabends aus, auf der Suche nach den Vergnügungen ihrer Jugend.

Also manche Dinge ändern sich nie – das reden wir uns wenigstens manchmal blöderweise ein.

Natalie kam am Türsteher natürlich nicht vorbei – das war bedauerlicherweise genauso wie vor zwanzig Jahren. Damals hatte sie die anfängliche Abweisung eines Türstehers allerdings ab und zu noch mit einem zu kurzen Rock und einem zu tiefen Ausschnitt überwinden können.

Leider musste sie einsehen, dass das jetzt nicht mehr so wirklich funktionierte. Der Türsteher teilte Natalie in ihrem viel zu kurzen Rock nur kurz mit, sie solle sich doch bitte bedecken und drüben in der Ecke warten, wenn sie ihren Sohn oder ihre Tochter hier abholen wolle.

Das war im ersten Moment natürlich frustrierend, aber dann brachte es Natalie auf eine großartige Idee. Sie ging in den nächsten Club, wo der Türsteher sie erwartungsgemäß trotz ihres kurzen Rocks und tiefen Ausschnitts blockierte. Aber diesmal war Natalie nicht nur kleidungsmäßig, sondern vor allem auch mental vorbereitet. Sie schnauzte den Türsteher an, ihre sehr minderjährige Tochter sei hier drin und sie wolle rein und die rausholen – und zwar subito und sofort. Das oder Natalie würde die Polizei rufen. Natalie fummelte ihr Handy raus, und der Türsteher schob sie in den Club, noch bevor sie eine fiktive Nummer wählen konnte.

Natalie war drin.

Und das in ihrem Alter und dazu auch noch kostenlos.

Es war großartig.

Natalie vergaß ihr Alter und die Zeit und tanzte bis morgens um 5.46 Uhr.

Die nächsten Wochenenden ging das in verschiedenen Clubs so weiter. Natalie kam mit der Nummer immer an jeder Schlange vorbei und in die angesagtesten Läden hinein. Das ging drei Wochenenden lang gut, bis eines Nachts ihr Sohn vor ihr stand und sie einfach von der Tanzfläche zog. Ihm war zu Ohren gekommen, dass seine Mutter sich nächtelang in irgendwelchen zwielichtigen Clubs rumtreiben würde, in der er und seine Kumpels auch sehr gerne abhingen.

Unfassbar. Das ging ja gar nicht.

Wie peinlich!

Was hatte seine Mutter sich nur dabei gedacht?

»Das ist eine Disco. D i s c o. Disse. So nennt man das«, sagte Natalie zu ihrem Sohn, kicherte ziemlich angeschickert und versuchte wieder auf die Tanzfläche zu entschwinden.

Ihr Sohn hielt sie fest.

Sie sei so was wie minderjährig, behauptete er, nur irgendwie andersrum, und dürfe nicht mehr in diesen Club. Wie würde er denn vor seinen Freunden dastehen?

Natalie versuchte ihre mütterliche Autorität wiederzuerlangen – vergebens. Die war wohl für immer dahin, falls es sie je gegeben hatte.

Seither kam Natalie in die angesagten Münchner Clubs nicht mehr rein. Keine Chance. Ihr Sohn hatte es irgendwie geschafft, sie auf die »No-Go«-Liste setzen zu lassen.

Aber Natalie ist ja wie ich eine minimal ältere Frau, und wir sind einfach nicht mehr zu bremsen, wenn wir uns erst mal was in den Kopf gesetzt haben.

Sie hat kurzerhand vor drei Wochen ihren eigenen Club eröffnet. »Disco« heißt der Laden ganz stilecht und schlicht und ergreifend. Und es dürfen auch nur minimal Ältere rein.

Ich habe gehört, der Schuppen läuft wie Hölle – bis 23.00 Uhr. Dann ist Sperrstunde in der Disse. Länger halten wir minimal Älteren sowieso nicht mehr durch – egal wie jung wir uns fühlen.

Es ist 21.43 Uhr.

Ich sollte da eigentlich auch mal vorbeischauen.

Natalie hat mir versichert, ich käme problemlos an ihrem Türsteher vorbei, und ein Gratisdrink wartet auch auf mich.

Es ist mir nämlich leider bisher noch nicht geglückt, in der »Disco« vorbeizuschauen, irgendwie stand immer mein Bett im Weg.

Aber vielleicht bin ich ja auch noch etwas zu jung für so eine Disco. Schließlich ist Natalie drei Jahre älter als ich – und das ist in unserem Alter eine Menge.

Mal sehen, vielleicht versuche ich es demnächst doch mal im P1.

Falls mein Bett nicht wieder im Weg steht und meine Tochter und der Türsteher mich dort reinlassen.

Ganz schön teuer

Also das Älterwerden muss man sich eindeutig leisten können. Das fällt mir in letzter Zeit immer mehr auf.

Nein, ich meine jetzt nicht Botox-Spritzen oder Schönheitsoperationen – die wären ja nur der Zuckerguss auf dem Kuchen.

Ich rede hier – und das muss auch mal sein, selbst wenn es nicht gerade lustig ist – eher über die wirklich existenziellen Dinge wie zum Beispiel:

- **Arztrechnungen und Medikamente**
  Ich weiß, ich weiß, früher in Ihrer und meiner Jugend – die übrigens gerade erst gestern war – waren Sie und ich maximal einmal im Jahr beim Arzt, um ein Rezept für die Pille zu holen oder um die Pille danach zu holen.
  Diese Zeiten sind endgültig vorbei.
  Sie brauchen jetzt nicht nur DIE Pille.
  Also die brauchen Sie eigentlich gar nicht mehr, dafür brauchen Sie jetzt ganz viele andere Pillen: rote, weiße, blaue, in allen Farben des Regenbogens – gegen Bluthochdruck, gegen Magenbeschwerden, gehen Kopfschmerzen, gegen Zipperlein hier und Zipperlein da. (Ein kleiner kostenloser Tipp: lesen Sie bloß nie die Beipackzettel.)

Und diese bunte Auswahl zahlt die Krankenkasse nicht mehr oder nur sehr ungern oder nur 0,1 Prozent davon. Eigentlich könnte ich auch direkt auf Heroin umsteigen, habe ich mir vor Kurzem überlegt, als mein rechtes Knie für ein paar Monate explodiert war.

Die Schmerzmittel, die Spritzen – hey, das gibt es alles auch am Münchner Hauptbahnhof und wahrscheinlich sogar billiger. Aber wahrscheinlich auch etwas unhygienischer. Egal – ab jetzt haben Sie und ich ein Abonnement beim Arzt, und das ist unfassbar teuer.

Und das betrifft nicht nur das Knie. Auch andere Körperteile gehen mit der Zeit ganz schön ins Geld. Wenn ich nachrechne, habe ich mittlerweile einen Kleinwagen in meinem Mund. Mindestens ein Audi A1 steckt zwischen meinen Kiefern. Meine Knie sind dank Hyaluronspritzen gegen Gelenkschmerzen fast vergoldet, tun aber in regelmäßigen Abständen immer wieder weh. Von dem, was ich für meinen Rücken ausgegeben habe, könnte ich mir eine Weltreise leisten.

Und bei all den Kosten sind jetzt noch nicht mal die Brillen berücksichtigt. Brillen und Zähne zahlt die Kasse ja grundsätzlich so gut wie gar nicht mehr.

Verstehe ich total. Beides braucht man ja auch nicht unbedingt zum Leben. Hey, wer keine Zähne mehr hat, kann immer noch den wieder sehr modernen Haferbrei – neudeutsch Porridge genannt – essen, das soll im Alter sowieso sehr gesund sein, auch für den Darm. Und wer nichts mehr sieht, bekommt wenigstens von seinen Falten und grauen Haaren auch nichts mehr mit.

Im Moment behelfe ich mich noch mit Lesebrillen, aber eine Freundin braucht mittlerweile Gleitsicht. Für den Preis einer solchen Brille hätte sie früher zwei Semester im Ausland studieren können – gut, das war vor dem Euro, aber immerhin.

- **Wohnen**

  Also, im Moment noch nicht, aber bald ist es wohl bei mir auch so weit: Ich brauche irgendwann so einen Treppenlift. Jedenfalls bekomme ich dafür ständig Werbung in meinem Internetbrowser: »Sie wären überrascht, was so ein Treppenlift in München kostet.«

  Wäre ich ehrlich gesagt überhaupt nicht. In München kostet alles einfach unfassbar viel. Aber wenn Sie in München so wohnen, dass Sie eine Treppe haben, können Sie sich auch einen Treppenlift leisten.

  Und wenn Sie glückliche Bewohnerin einer Wohnung sind, brauchen Sie so einen Treppenlift im fortgeschrittenen Alter natürlich nicht. Sie können einfach von Zimmer zu Zimmer schlurfen. Allerdings ist so ein Badumbau mit barrierefreier Dusche nicht nur schick, sondern auch nicht gerade billig, aber wenigstens verhindert das dann auch das Stolpern über den Beckenrand. Das tut der künstlichen Hüfte nämlich gar nicht gut.

  Aber wenn Ihre Wohnung im fünften Stock ohne Aufzug liegt, dann wird es richtig teuer. Der Makler, der Umzug, die Ablöse einer uralten IKEA-Küche könnten Sie bis zur Rente ruinieren. Deshalb sollten Sie sich spätestens ab dreißig genau überlegen, wo und wie Sie wohnen wollen. Man kann sich übrigens schon vorsorglich im betreuten Wohnen einkaufen, habe ich gehört.

  Aber so weit sind Sie und ich ja noch

nicht, Gott sei Dank! Ich habe nur künstliche Zähne und Wimpern – bis jetzt.

- **Urlaube**
Also wenn Sie nicht den Rest Ihres Lebens auf Balkonien verbringen wollen, werden auch Urlaube mit steigendem Alter zu einer immer teureren Angelegenheit. Sie brauchen mehr Erholung, bessere Betten und gesünderes Essen. Und das kostet, glauben Sie mir. Eine Freundin hat neulich versucht, in Thailand einen Billig-Trip zu machen. Es war wunderschön und sehr günstig – der Urlaub. Das Danach war allerdings weniger schön und sehr teuer. Ihr Rücken war völlig kaputt vom langen Fliegen und von Betten in Hostels, die aus Matratzen auf Bambuspflöcken bestanden. Das erforderte stundenlange Sitzungen beim Chiropraktiker, die die Kasse nicht übernehmen wollte. Als meine Freundin halbwegs wiederhergestellt war, brauchte sie dringend Erholung und buchte ein Fünfsternehotel in Italien. Da weiß man, wofür man bezahlt.

- **Das Leben an sich**
Also ich bin zu dem Schluss gekommen, dass ich mir mein späteres Leben und ein Rentnerinnendasein im Grunde genommen gar nicht leisten kann. Und damit gehöre ich eher zur Mehrheit der Frauen.
Die ausbezahlte Durchschnittsrente für Frauen betrug 2020 und 2021 in Deutschland rund 700 Euro. Bei diesen Aussichten können wir Frauen nur noch gestapelt in einer Einzimmerwohnung mit dreimal täglich Haferbrei, ohne Urlaub und mit einer halben Schmerztablette für jegliche Beschwerden überleben.
Da ist Sterben wahrscheinlich billiger – wenn auch nicht so wirklich zu empfehlen.

Die Gesetze der Physik

In der Schule war ich ja in Physik nie so wirklich gut. Das könnte eventuell daran liegen, dass ich schon in der achten Klasse den leisen Verdacht hatte, dieses Zeug nie wieder in meinem Leben zu brauchen.

Und ich hatte recht, das kann ich jetzt im etwas fortgeschrittenen Alter endlich zugeben. Meine Tochter ist fertig mit der Schule, da muss ich zu Hause jetzt nicht mehr so tun, als ob Physik unglaublich wichtig für den Rest des Lebens sei. Das ist es nicht – und überhaupt: Ich wollte ja auch nie Bundeskanzlerin oder so was werden.

Also Physik ade ganz ohne Weh, dachte ich früher.

Ich habe es in der Vergangenheit auch nie wirklich vermisst.

Bis jetzt.

Jetzt, da ich minimal älter bin, kehrt die Physik plötzlich wieder zurück in mein Leben mit ihren ewig und für alle gültigen Gesetzen und Grundlagen.

Was soll ich sagen? Der Physik kann man einfach nicht entfliehen, sie wird mich in jedem Fall überleben. Ach, hätte ich doch damals in der Schule besser aufgepasst, es könnte jetzt, wo ich minimal älter bin, vielleicht ganz hilfreich sein.

Nehmen wir zum Beispiel die Relativitätstheorie. Auf die bin ich gestoßen, als meine Tochter kurz vor dem Abi stand. Also, ich habe sie nicht erfunden, leider nicht, das war ja der Einstein. Und der hat sie wohl auch nicht erfunden, sondern gefunden. Irgendwo im Universum. Und falls ich das richtig verstanden habe, was meine Tochter mir so dazu erklärt hat, dann hängen Zeit und Raum irgendwie zusammen.

Also ich kann die Relativitätstheorie hier jetzt nicht so ganz genau erklären, aber so viel sei gesagt: Je schneller man sich voranbewegt, desto langsamer wird die Zeit. Also wenn ich mich zum Beispiel in einem Raumschiff mit fast Lichtgeschwindigkeit bewege und einmal in eine andere Galaxie fliege und wieder zurückkomme, läuft die Zeit für mich deutlich langsamer ab, als wenn ich auf der Erde geblieben wäre.

Das heißt im Grunde genommen, ich werde nicht so schnell alt wie wenn ich hier unten in Deutschland bleibe.

Also das ist doch eine ganz erstaunliche Entdeckung für uns minimal ältere Frauen. Einmal ins Weltall und zurück, und schon sind wir jünger – in gewisser Weise.

Wenn Elon Musk mit seinem privaten Raumfahrtfimmel erst mal auf diese Geschäftsidee kommt, ist Tesla ein alter Hut dagegen. Millionen von Frauen werden sich im All verjüngen lassen und dann wieder auf die Erde zurückkehren mit glatter Haut. Und ihr Ehemann, der natürlich hiergeblieben ist, ist dann ja älter geworden, also hat er automatisch plötzlich eine jüngere Frau. Diese Geschäftsidee kann Ehen retten. Vielleicht sollte ich selbst ein Start-up gründen, bevor Elon Musk mir zuvorkommt.

Kommen wir zum nächsten Thema: Schwerkraft, auch Gravitation genannt und eine der vier Grundkräfte und auch so ein Physikding. Allerdings nicht so positiv wie die Relativitätstheorie, leider. Also für minimal ältere Frauen ist die Schwerkraft ja der Feind schlechthin. Die Schwerkraft ist diese blöde Kraft, die dazu führt, dass sich alles irgendwann leicht nach unten bewegt, zum Mittelpunkt der Erde hin, gerne auch in die Richtung der eigenen Kniekehlen. Das ist nicht schön, gar nicht schön.

Wenn wir keine Schwerkraft hätten hier auf der Erde, sondern einfach so schweben würden wie im All – ich will mir gar nicht vorstellen, was das mit meinem Busen machen würde. Und mit ein paar anderen Körperteilen. Wäre das nicht großartig, völlig schwerelos zu sein? Man bräuchte nie wieder einen BH, und auch alles andere wäre immer in Form und am richtigen Platz – egal in welchem Alter man ist. Also das mit der Schwerkraft ist echt blöd, warum haben die von der Physik eigentlich noch nichts gefunden, um das zu umgehen? Okay, man kann versuchen, die Hälfte der Zeit auf Händen zu laufen, um den Effekt der Schwerkraft irgendwie umzukehren, aber seien wir mal ehrlich, das ist nicht wirklich alltagstauglich, und mit steigendem Alter wird man ja auch nicht unbedingt beweglicher. Leider.

Und nun komme ich endlich zu Punkt drei in meiner kleinen Physikstunde, dem Energieerhaltungssatz.

Der lautet? Okay, ich weiß, Sie waren auch keine Leuchte in Physik, daher will ich Ihnen das jetzt mal kurz erklären: In einem abgeschlossenen System bleibt die Energie stets konstant.

Da muss ich jetzt leider widersprechen. Das kann gar nicht sein. Seit ich minimal älter bin, geht meine Energie ständig verloren. Ich bin ja der Meinung, jemand anders hat sie jetzt, jemand, der mindestens zwanzig Jahre jünger ist als ich. In jedem Fall habe ich festgestellt, dass ich inzwischen für manche Dinge doppelt so lang brauche wie früher. Und selbst im Verlauf des Tages ändert sich mein energetischer Zustand dramatisch. In der Früh bin ich noch voll aufgeladen auf 100 Prozent, aber um 11.00 Uhr am Vormittag zeigt mein Akku nur noch 43 Prozent an.

Ich fühle mich wie mein schon älteres Handy – das lädt angeblich auch noch auf 100 Prozent auf, aber wenn ich dann mal länger telefoniere, ist der Akku schon fast wieder leer, und ich muss dringend eine Steckdose suchen.

Meine Tochter meint, das könnte eventuell daran liegen, dass ich ja gar kein abgeschlossenes System bin, sondern viel zu offen für alles.

Ich schätze, sie hat recht. Zu viele Filme, jede Menge Kalorien und einige Gläser Rotwein fließen ständig in mich hinein – und was aus mir rauskommt, darüber möchte ich jetzt dann doch lieber schweigen.

Also, ich kann mir das alles nicht so wirklich erklären, aber ich war ja eben auch noch nie wirklich gut in Physik.

Haaatschiiiiiiii

Neulich war ich mit ein paar minimal älteren Mädels in einem netten Lokal zum Abendessen. Es war ein Wiedersehen alter Studienfreundinnen, wie wir es alle paar Jahre machen, und es war echt schön, ein paar von meinen Mitstudentinnen nach all den Jahren mal wiederzusehen und sich darüber auszutauschen, wie es uns so ergangen ist.

Wir ratschten, lachten, futterten uns durch leckere Thaigerichte, und neben mir saß Susi, die damals in der Uni mit mir zusammen solidarisch durch die Statistikklausur gefallen ist.

Susi hat mittlerweile drei Kinder, ist immer noch mit deren Vater verheiratet und hat inzwischen einen wundervollen Blumenladen, da sie nach dem Studium lieber was Sinnvolles machen wollte. Und sie hat immer noch den wunderbar schwarzen Humor von früher, durfte ich zu meiner Freude feststellen.

»Schade eigentlich, dass wir uns so lange nicht gesehen haben. Ich finde ja, wir sollten solche Treffen viel öfter veranstalten und nicht nur alle paar Jahre«, sagte ich und nahm mir noch was von dem roten Thaicurry.

»Finde ich auch. Es ist so toll, alle wiederzusehen«, meinte Susi, nahm noch einen Löffel von ihrer scharfen Thaisuppe und lief rot an.

»Zu scharf?« Ich betrachtete Susi mitleidig und bot ihr etwas von dem Reis an.

Susi schüttelte den Kopf und hielt die Luft an.

»Hitzewallung?«, fragte ich vorsichtig. Schließlich ist Susi so alt wie ich.

Aber Susi schüttelte wieder den Kopf, hielt weiter die Luft an, bis schließlich ein überaus heftiges »Haaaaaatschiiiiii« aus ihr rausplatzte.

Noch bevor ich oder eine von den anderen Frauen »Gesundheit« sagen konnte, war Susi in Richtung Toilette verschwunden. Als sie etwas später zurückkam und wieder neben mir Platz nahm, hatte sich auch ihre Gesichtsfarbe wieder normalisiert.

»Alles gut?«, fragte ich trotzdem vorsichtshalber, und Susi nickte.

»Ich habe blöderweise Heuschnupfen, und gerade wirkt das Antihistaminikum nicht so gut. Heuschnupfen ist an und für sich eine Plage, aber Heuschnupfen mit einem Beckenboden, der drei Kinder durchgelassen hat, ist irgendwie wie Pest und Cholera und obendrauf noch eine Magen-Darm-Grippe.«

Ich nickte mitfühlend.

Ich habe Gott sei Dank keinen Heuschnupfen, aber auch ich habe wie 112,00 Prozent aller Frauen einen Beckenboden. Also den Beckenboden merkt man als junge Frau meistens gar nicht.

Das Ding ist einfach da und macht keinen Mucks und sich nicht weiter bemerkbar, zumindest solange man jung und knackig ist und auch sonst noch alles fit und in Form.

Ach, waren das noch Zeiten.

Denn dann, wenn man ein, zwei, drei, vier, fünf, sechs oder mehr Kinder bekommen hat, wird einem nicht erst in der Rückbildungsgymnastik die Bedeutung des Beckenbodens bewusst.

Sehr bewusst sogar.

Man erfährt alles darüber, was man nie wissen wollte.

Und noch viel mehr.

Der Beckenboden ist nämlich dafür da, dass bei uns im unteren Bereich alles da bleibt, wo es hingehört, und nicht einfach rausfällt.

Seit wir Menschen uns dummerweise vom Vierfüßlergang verabschiedet haben, ist der Beckenboden für uns Frauen so etwas wie ein Netz ohne doppelten Boden.

Susi nahm sich noch einen Shrimp in Tempurateig, tunkte ihn in die Sweet-Chili-Soße und sagte zu mir: »Normalerweise niese ich nicht. Heuschnupfen hin oder her. Niesen geht gar nicht.«

Ich nickte teilnahmsvoll und nahm mir auch einen Shrimp.

»Ich huste nicht mehr, seit drei Jahren«, gestand ich Susi. »Dabei hatte ich letzten Winter eine fette Grippe – es war wirklich schwierig, diesen blöden Hustenreiz zu unterdrücken, ich habe tagelang nur noch von Hustensaft gelebt.«

Alle Frauen um uns herum nickten verständnisvoll.

Kein Wunder, schließlich hat ja jede von uns einen oder zwei von diesen fiesen Beckenböden.

»Ich lache nicht mehr laut und schallend, seit ewigen Zeiten lächle ich nur noch. Mir egal, wenn alle mich für eine Spaßbremse halten«, meinte Anna, die uns gegenübersaß.

Wir seufzten alle betrübt auf, jede von uns kannte das ja aus eigener Erfahrung.

»Ich war auf einem Trampolin letzte Woche«, platzte es da unvermittelt aus Theresa heraus, und alle um sie herum hielten den Atem an.

Ein Trampolin! Wie verwegen! Wie unglaublich! Welcher Wahnsinn!

»Schulausflug mit der dritten Klasse«, sagte Theresa entschuldigend. Theresa ist Grundschullehrerin. »Die Kids haben mich quasi auf das Ding draufgezerrt. Genötigt. Ich konnte mich nicht wehren, also habe ich mich einfach die ganze Zeit auf das Gum-

mituch gesetzt. An Springen war natürlich nicht zu denken. Es war zwar wie auf einem Boot bei Windstärke zwölf, um mich herum ist gefühlt die ganze Klasse gehüpft, mir war nach drei Minuten speiübel, aber wenigstens kam ich trocken wieder runter.«

Wir alle blickten Theresa mitfühlend an.

Für minimal ältere Frauen ist Niesen, heftiges Lachen und Husten komplett und für immer verboten. Das geht einfach nicht mehr so gut aus für einige von uns.

Also da denkt man ja, man hat als minimal ältere Frau das Thema Binden und Tampons ein für alle Mal hinter sich gelassen und das Thema Windeln wäre noch gaaaanz weit weg, aber dann niest man einmal heftig und bekommt die Panik des Jahrhunderts.

Das Leben kann echt fies sein.

Aber man kann etwas tun, meine Damen!

Wir sind dem Beckenboden nicht hilflos ausgeliefert.

Nein! Wir wehren uns!

Man kann den Beckenboden nämlich trainieren.

Das geht, auch wenn es nicht ganz einfach ist. Man kann es zum Beispiel selbst mit Muskelanspannung versuchen, oder man sucht sich Hilfe. Ich bin ja grundsätzlich fürs Hilfesuchen. In jeder Lebenslage. Das kann nie schaden.

Aber wenn man sich im Internet so umschaut, was es alles an Hilfsmitteln gibt, um den Beckenboden zu trainieren, ist man wirklich verblüfft. Ich war mir da nicht ganz sicher: Ist das jetzt ein Sexspielzeug? Oder ein Folterinstrument?

Aber egal, als minimal ältere Frau – und gerne auch schon als jüngere Frau – sollte man den Beckenboden gut trainieren. Dann muss man manche Dinge gar nicht am eigenen Leib erfahren.

Es gibt übrigens auch so etwas wie »Windinkontinenz«, erzählte mir Susi leise kichernd, als wir uns verabschiedeten.

»Ich wusste gar nicht, dass Wind inkontinent sein kann«, sagte ich, aber dann wurde mir plötzlich klar, was das eigentlich bedeutet.

Susi grinste.

Ich kann nur so viel verraten: Es hat nichts mit Windrädern zu tun, leider.

Übrigens treffen wir alten Studienfreundinnen uns jetzt regelmäßig in einer kleinen Gruppe und trainieren unseren Beckenboden (und danach unsere Leber mit ein paar Gläsern gutem Wein).

Wir liegen meistens auf Matten auf dem Boden, machen ein paar Übungen, reden dabei über Gott und die Welt und halten unseren Beckenboden da, wo er hingehört.

Bei der Recherche zu dem Thema bin ich übrigens darauf gestoßen, dass auch Männer einen Beckenboden besitzen. Wer hätte das gedacht?

Ich dachte immer, Männer besitzen einen Hosenboden, Dachboden, Bodenplatten etc. pp., und ich dachte auch, ein Beckenboden sei etwas ganz und gar Weibliches.

Falsch gedacht.

Auch Männer haben einen Beckenboden! Jawohl! Der muss zwar im Normalfall keine Schwangerschaft aushalten, aber wenn ich mir manche Bierbäuche ansehe, tut sich der arme Beckenboden bestimmt auch bei einigen Männern sehr schwer.

Und übrigens: Ein wohltrainierter Beckenboden hilft Männern bei der Potenz.

Was soll ich sagen?

In unserer Mitte für das Beckenbodentraining sind noch Plätze frei. Wir treffen uns jeden Mittwochnachmittag um 17.00 Uhr bei mir um die Ecke im Yogastudio, die haben da einen freien Raum für uns.

Potente Männer und solche, die es gerne werden wollen, sind dort herzlich willkommen!

Haarige Angelegenheiten – Teil eins

Manche Frauen haben Haare auf dem Kopf.

Manche Frauen haben eine Frisur.

Und manche Frauen haben *bad hair years*.

Also jahrelang Haare, die am ehesten einem Wischmopp ähneln – egal, was man damit macht.

Ich zähle zu den Letzteren, abgesehen von den fünf Minuten, wenn ich direkt vom Friseur komme und es nicht regnet, schneit oder die Sonne scheint.

Dann sind meine Haare wunderbar. Sehen aus wie aus der Drei-Wetter-Taft-Werbung.

Heute Rom. Morgen London. Und übermorgen Wanne-Eickel.

Hauptsache, die Frisur sitzt.

Wenn auch nur für fünf Minuten.

Und wenn Sie sich an diesen Werbespot erinnern können, sind Sie ganz schön alt.

Und Ihre Haare damit auch.

Das mit den Haaren und dem Älterwerden ist ja auch nicht ganz so einfach.

Beginnen wir mal mit dem Thema Kopfhaare.

Es gibt ja eine ganze Berufssparte, die sich auf das Thema Kopfhaare fokussiert hat – die Friseure.

Das muss man sich mal vorstellen: Solche Keratinfäden auf dem Kopf sorgen für jede Menge Jobs – eigentlich unfassbar, wenn man mal genauer darüber nachdenkt.

Die wenigsten Frauen, die ich kenne, sind mit ihren Haaren zufrieden. Die meisten wollen was ganz anderes als das, was sie auf dem Kopf haben. Die mit Locken wollen glatt, die mit glatt wollen Locken, die Blonden wollen rot, und die Dunklen wollen blond oder umgekehrt, und die einen wollen kurz, die anderen wollen lang, und manche wollen alle drei Wochen was anderes.

Um all diese Wünsche und noch mehr zu erfüllen, sind Friseurinnen und Frisuren erfunden worden. Sonst könnte man ja einfach ein Haargummi nehmen und selbst zur Schere greifen.

Es ist wirklich unglaublich, was man so alles mit Haaren machen kann. Ich selbst gehöre allerdings zu dem Typ Frau, der sein Leben lang mehr oder weniger regelmäßig zum Friseur geht, nur um weiterhin möglichst genauso auszusehen wie immer.

Spitzen ab und färben.

Spitzen ab und färben.

Spitzen ab und färben.

Das ist seit Jahren mein Standardprogramm.

Total langweilig, ich weiß. Ich gleiche das dann einfach mit meiner schillernden Persönlichkeit aus.

Aber dann war ich blöderweise noch vor der Pandemie bei einer neuen Friseurin, die deutlich jünger war als mein rausgewachsener Ansatz. Meine Standardfriseurin war gemeinerweise in Urlaub.

Die Neue wusch und färbte, und als es dann ans Schneiden ging, sagte sie zu mir: »Wie wäre es in Ihrem Alter mit einer schicken

Kurzhaarfrisur? Ich bin sicher, das würde Ihnen ausgezeichnet stehen. Und das ist doch sooooo praktisch.«

Mir fiel fast die Zeitschrift aus den Händen.

Kurze Haare? Praktisch? Bin ich schon sooooo alt?

Ich starrte sie über den Spiegel finster an und meinte nur:»Wann kommt denn Lisa wieder? Ich bin ja sonst immer bei Lisa.«

Die neue Friseurin verstand den Wink mit dem Baumstamm und schnitt mir mit zusammengepressten Lippen daraufhin trotzdem viel zu viel von den Spitzen ab. Aber es hat dann doch nicht ganz für eine »flotte Kurzhaarfrisur« gereicht. Sie hatte wohl Angst, was ich sonst mit ihr und ihrer Schere anstellen könnte, sollte sie mir zu viel abschneiden.

Ich ging aus dem Laden und schwor mir hoch und heilig, meine Haare nicht immer so leichtfertig völlig fremden und dazu noch deutlich jüngeren Menschen anzuvertrauen.

Flotte Kurzhaarfrisur – das war in meiner Jugend die Umschreibung von:»Sie sind so alt, Sie sind nicht mehr attraktiv und werden es auch nicht mehr werden, da ist es sinnlos, viel Geld beim Friseur zu lassen, und die Haare auf dem Kopf sind überhaupt mal Ihr geringstes Problem. Konzentrieren Sie sich lieber in den wenigen Jahren, die Ihnen noch bleiben, auf die wirklich wichtigen Dinge im Leben wie Häkeldeckchen und Grabsteine.«

Ha! Ich fühlte in mich hinein, und mir war absolut klar – ich war noch nicht bereit für eine flotte Kurzhaarfrisur, aber bereit, mir einen neuen Friseur zu suchen.

Jetzt werden alle Frauen mit Kurzhaarfrisur aufjaulen, weil ich haardiskriminierend war.

Ich weiß, ich weiß, es gibt ganz tolle Frisuren mit kurzem Haar und Frauen, denen das auch absolut steht und bei denen das super attraktiv ist.

Aber dazu braucht man einen anderen Kopf als meinen.

Ich meine nicht innen, sondern außen.

Da will ich mir nix vormachen. Ich hatte mal kurze Haare mit achtzehn. Da half es dann auch nicht, dass ich achtzehn war – kurze Haare stehen mir einfach nicht, und wenn es einer Achtzehnjährigen nicht steht, steht es einer Achtundxxxzigjährigen ganz sicher auch nicht.

Also bei mir wird es keinen praktischen Kurzhaarschnitt geben – egal wie alt ich werde. Dann eher noch Haargummi, Perücke oder Hütchen.

Ein weiteres haariges Thema, wenn man etwas älter wird, ist ja nicht nur die Länge der Haare, sondern auch ihre Farbe.

In der Pandemie durften wir ja alle mal eine Zeit lang unsere natürliche Haarfarbe wiederentdecken. Ich bin sicher, das führte zu einigen neuen Erkenntnissen und sicher auch zu ein paar Ehekrisen: »Du bist ja gar keine echte Blondine!«

Was soll ich sagen, ich bin auch keine echte Blondine. Zumindest seit einigen Jahren nicht mehr.

Ich färbe, strähne, töne regelmäßig oder unregelmäßig.

Je nachdem.

Ich habe in all den Jahren ein Vermögen zu den verschiedensten Friseuren getragen, nur um immer die gleiche Frisur zu behalten.

Ich will, wenn ich vom Friseur rauskomme, aussehen wie immer – nur sechs Wochen früher irgendwie. Und mit den Jahren wird es immer teurer und aufwendiger, diese Illusion aufrechtzuerhalten.

Neulich ließ ich nach langer Zeit mal wieder den ganzen Kopf strähnen – für den Preis hätte ich mir auch einen kleinen Gebrauchtwagen kaufen können.

Aber der wäre dann nicht so schön blond gewesen.

Ich habe übrigens neulich einen Artikel in der Zeit online gelesen, bei dem es um das Thema »hairshaming« für graue Haare ging.

Ich war sprachlos.

Ich wusste bisher überhaupt ganz und gar nicht, dass es so was gibt. Also dass man sich für Haare schämen kann.

»Grau als coole Haarfarbe setzt sich langsam auch unter Frauen durch«, stand in dem Artikel. »Es kann sich machtvoll anfühlen, sein Grau zu feiern.«

Ich schäme mich inzwischen eher selten und wenn doch, dann meistens eher fremd, aber nicht für meine Haare. Auch nicht für fremde Haare. Die sind mir schnuppe.

Und wenn meine Haare mir blöd kommen, mache ich kurzen Prozess – nein, keine Kurzhaarfrisur: Wenn ich es mal wieder wochenlang nicht zum Friseur schaffe, setze ich eine Mütze auf oder binde ein Gummiband rum, und gut ist.

Aber wenn es mich tatsächlich machtvoll macht, meine grauen Haare nicht mehr zu färben – das ist mir einen Versuch wert.

Vielleicht kann ich ja dann mit grauen Haaren irgendwann mit ganzer Macht Deutschland regieren oder Bayern oder wenigstens München.

Und Grau steht mir, sagt zumindest mein neuer Friseur.

Haarige Angelegenheiten – Teil zwei

Als Frau hat man ja leider nicht nur Haare auf dem Kopf, sondern auch an anderen Stellen. Und an diesen anderen Stellen sollten heutzutage eigentlich so gut wie gar keine Haare mehr sprießen.

Am Körper muss man als Frau mittlerweile aussehen wie ein neugeborenes Baby – also zumindest, wenn es nach den gängigen Schönheitsidealen geht.

In Deutschland wird gezupft, rasiert, gewachst, was das Zeug hält, da bleibt kein Haar mehr neben dem anderen stehen. Und dieser Enthaarungszwang hat mit den Jahren deutlich zugenommen.

Ich kann mich erinnern, dass es in meiner Jugend (in welchem Jahr genau verrate ich jetzt nicht) völlig normal für Frauen war, Achselhaare zu besitzen und ein T-Shirt zu tragen, bei dem sie auch zu sehen waren.

Heutzutage würde ein solcher Anblick in der Öffentlichkeit wahrscheinlich dazu führen, dass der Nothalteknopf in der Straßenbahn gedrückt wird und einige Leute in Ohnmacht fallen, weil sie so was noch nie nicht in ihrem Leben jemals gesehen haben.

Also, falls Sie noch sehr jung sind: Frauen und Männer haben Haare in den Achseln und auch da unten. Das ist völlig normal und keine genetische Mutation.

Das Blöde am Älterwerden ist jetzt allerdings, dass auch diese Haare in die Jahre kommen: Auf dem Kopf werden sie dünner (ja, leider auch bei Frauen; liegt daran, dass wir im Alter mehr Testosteron haben), und an allen möglichen anderen Stellen werden sie mehr und dicker.

Auch das liegt am Testosteron, wovon wir Frauen im Alter mehr haben, dafür allerdings weniger Östrogen.

Bei den Männern nehmen die Körperhaare übrigens mit den Jahren eher ab, bei den Frauen nimmt die Behaarung allerdings an völlig neuen Stellen eher zu, und im Achsel- und Schambereich sprießt es dann nur noch spärlich.

Das habe ich extra recherchiert.

Ich konnte allerdings den Artikel nicht zu Ende lesen, er hat mich zu sehr aufgewühlt. Für einen Moment habe ich überlegt: Was ist, wenn ich hundert Jahre alt werde? Verwandle ich mich dann langsam, aber sicher in einen Mann? Oder in einen Orang-Utan? Hört das mit dem Testosteron jemals wieder auf?

Also im Moment sehe ich noch absolut aus wie eine Frau und fühle mich auch so.

Bis auf ein einzelnes Barthaar ganz unten links, das ich regelmäßig mit dem Rasierer des Mannes vernichte.

Ich habe auch schon versucht, dieses Barthaar nachts bei Vollmond auf dem Friedhof zu besprechen, wie mir eine Freundin empfohlen hat, die damit einen Riesenerfolg bei ihrer Dornwarze an der linken Großzehe hatte, aber dieses Haar ist haartnäckig und kommt wieder und wieder.

Jetzt kann ich verstehen, wie Frauen sich fühlen, die so einen leichten Ansatz zum Damenbart haben.

Irgendwie männlich – aber leider nicht auf die gute Art.

Neulich habe ich zu meinem absoluten Entsetzen auf meinem großen Zeh ein weiteres langes dunkles Haar entdeckt.

Und auch an zwei, drei anderen Stellen sind mir noch einzelne Haare gewachsen, aber ich verrate jetzt mal nicht, wo. Das wäre zu intim.

Ich wusste echt nicht, dass an diesen Stellen Haare überhaupt gedeihen können – Palmen gibt es schließlich auch nicht am Nordpol. Aber mit den Jahren ist wohl einiges möglich, was man vorher nicht für möglich gehalten hat.

Seitdem gehe ich nicht mehr ohne Rasierer und Pinzette aus dem Haus. Denn diese einzelnen Haare können innerhalb von ein paar Stunden ein unglaubliches Wachstum erreichen. Gefühlt von null auf drei Zentimeter in vier Stunden.

Ich wollte, meine Kopfhaare wären jemals so schnell gewachsen wie dieses eine blöde Haar an meiner großen Zehe.

Aber wenigstens sind wir minimal älteren Frauen beim Thema Haare den Männern mal eindeutig überlegen. Bei den Männern gehen die Haare ja auch auf dem Kopf weg und werden nicht nur am Körper weniger.

Zumindest das bleibt den meisten Frauen doch erspart.

Aber Männer sind ja daran gewöhnt, haarige Biester zu sein. Bei zwei Millionen Körperhaaren kommt es auf ein paar mehr oder weniger ja wohl wirklich nicht an.

Ich kann mich noch daran erinnern, dass ich als Kind völlig fasziniert war von den Haaren, die aus dem Ohr meines Großvaters wuchsen. Ich habe sogar einmal versucht, daraus Zöpfe zu flechten, bis ich von ihm mit einem freundlichen Brummen verjagt wurde.

Übrigens hat mir für dieses haarige Problem eine Freundin neulich die dauerhafte Entfernung mit einem Laser empfohlen.

Ich habe dann Doktor Google gefragt und für mich entschieden: nein danke, lieber werde ich zum Affen, bevor ich mich Laserstrahlen aussetze. Ich habe nämlich früher *Raumschiff Enterprise* geschaut – das mit den Laserstrahlen geht nicht immer gut aus.

Ich war übrigens auch noch nie bei einem Waxing. Ich bin blond und ein Weichei. Ich hab's nicht so nötig und hab's auch nicht so mit Schmerzen. Alleine die Vorstellung, so was zu tun, jagt mir Schauer über den – Gott sei Dank bisher völlig unbehaarten – Rücken.

Also, ich habe für mich beschlossen: Ich zupfe, rasiere und schneide weiterhin alles ab, was an Stellen wächst, wo es meiner Meinung nach nicht hingehört.

Zumindest solange ich noch selbstständig an diese Stellen herankomme.

Und meiner Meinung nach sind die allerwichtigsten Haare, die wir Frauen haben, sowieso die auf unseren Zähnen.

Solange wir die pflegen, hegen und immer schön wachsen lassen, kommen wir in jedem Alter bestens durchs Leben.

ich beim Ausfüllen eines Onlineformulars

Geburtstag
Scroll   Scroll   Scroll   Scroll   Klick!

Geburtsmonat
Scroll   Scroll   Scroll   Scroll   Scroll   Scroll
Scroll   Scroll   Scroll   Klick!

Geburtsjahr
Scroll   Scroll   Scroll   Scroll   Scroll   Scroll
Scroll   Scroll   Scroll   Scroll   Scroll   Scroll
Scroll   Scroll   Scroll   Scroll   Scroll   Scroll
Scroll   Scroll   Scroll   Scroll   Scroll   Scroll
Scroll   Scroll   Scroll   Scroll   Scroll   Scroll
Scroll   Scroll   Scroll   Scroll   Scroll   Scroll
Scroll   Scroll   Scroll   Scroll   Scroll   Scroll
Scroll   Scroll   Scroll   Scroll   Scroll   Scroll
Scroll   Scroll   Scroll   Scroll   Scroll   Scroll
Scroll   Scroll   Scroll   Scroll   Scroll   Scroll
Scroll   Scroll   Scroll   Scroll   Scroll   Scroll

Scroll Scroll Scroll Scroll Scroll Scroll
Scroll Scroll Scroll Scroll Scroll Scroll
Scroll Scroll Scroll Scroll Scroll Scroll
Scroll Scroll Scroll Scroll Scroll Scroll
Scroll Scroll Scroll Scroll Scroll Scroll
Scroll Scroll Scroll Scroll Scroll Scroll
Scroll Scroll Scroll Scroll Scroll Scroll
Scroll Scroll Scroll Scroll Scroll Scroll
Scroll Scroll Scroll Scroll Scroll Scroll
Scroll Scroll Scroll Scroll Scroll Scroll
Scroll Scroll Scroll Scroll Scroll Scroll
Scroll Scroll Scroll Scroll Scroll Scroll
Scroll Scroll Scroll Scroll Scroll Scroll
Scroll Scroll Scroll Scroll Scroll Scroll
Scroll Scroll Scroll Scroll Scroll Scroll
Scroll Scroll Scroll Scroll Scroll Scroll
Scroll Scroll Scroll Scroll Scroll Scroll
Scroll Scroll Scroll Scroll Scroll Scroll
Scroll Scroll Scroll Scroll Scroll Scroll
Scroll Scroll Scroll Scroll Scroll Scroll
Scroll Scroll Scroll Scroll Scroll Scroll
Scroll Scroll Scroll Scroll Scroll Scroll
Scroll Scroll Scroll Scroll Scroll Scroll
Scroll Scroll Scroll Scroll Scroll Scroll
Scroll Scroll Scroll Scroll Scroll Scroll
Scroll Scroll Scroll Scroll Scroll Scroll
Scroll Scroll Scroll Scroll Scroll Scroll
Scroll Scroll Scroll Scroll Scroll Scroll
Scroll Scroll Scroll Scroll Scroll Scroll
Scroll Scroll Scroll Scroll Scroll Scroll
Scroll Scroll Scroll Scroll Scroll Scroll
Scroll Scroll Scroll Scroll Scroll Scroll

Scroll Scroll Scroll Scroll Scroll Scroll
Scroll Scroll Scroll Scroll Scroll Scroll
Scroll Scroll Scroll Scroll Scroll Scroll
Scroll Scroll Scroll Scroll Scroll Scroll
Scroll Scroll Scroll Scroll Scroll Scroll
Scroll Scroll Scroll Scroll Scroll Scroll
Scroll Scroll Scroll Scroll Scroll Scroll
Scroll Scroll Scroll Scroll Scroll Scroll
Scroll Scroll Scroll Scroll Scroll Scroll
Scroll Scroll Scroll Scroll Scroll Scroll
Scroll Scroll Scroll Scroll Scroll Scroll
Scroll Scroll Scroll Scroll Scroll Scroll
Scroll Scroll Scroll Scroll Scroll Scroll
Scroll Scroll Scroll Scroll Scroll Scroll
Scroll Scroll Scroll Scroll Ach du Scheiße! Klick

ich bin so heiß

Natürlich bin ich jetzt, da ich minimal älter bin, viel, viel heißer als früher.

Und nicht nur ich, nein, auch Millionen andere Frauen erleben erst mit zunehmendem Alter, was es heißt, so richtig heiß zu sein.

Mindestens fünfmal am Tag.

Manche erleben das auch fünfmal in der Stunde oder gar in der Minute.

Uns wird warm, uns wird schummrig, uns wird blümerant (das ist so ein schönes altmodisches Wort, das musste ich jetzt einfach mal unterbringen), unser Kopf glüht, unsere Wangen auch, wir brauchen kein Rouge und keinen Lippenstift mehr.

Wir reißen uns die Kleider vom Leib und atmen heftig.

Und das mehrmals am Tag.

Im Büro, zu Hause, in der Straßenbahn, im Einkaufszentrum – nichts hält uns davon ab, uns sehr, sehr heiß zu fühlen.

Also wenn das nicht wirklich absolut sexy ist, weiß ich auch nicht.

Das ist heißer als so manches Rapper-Video, das ich leider durch die Anwesenheit einer damals noch pubertierenden Tochter im Hause manchmal begutachten musste.

Diese tollen Hitzewallungen betreffen fast alle Frauen vor den Wechseljahren, mittendrin und auch danach. Nur wenigen von uns ist es leider nicht vergönnt, sich täglich mehrmals heiß zu fühlen. Das ist schade, die können gar nicht so richtig mitreden.

Dabei ist so eine Hitzewallung ein ganz wunderbares Gefühl, wenn man absoluten Kontrollverlust, Beklemmungen und Zahnarztbesuche ohne Betäubung mag.

Das Blöde an so einer Hitzewallung ist allerdings, dass es einem nicht einfach nur heiß wird, sondern dass sie mit jeder Menge unschöner Gefühle einhergeht – und die sind nicht nur körperlicher Art. Es ist so ein bisschen, wie in einem zu engen Latexanzug zu stecken, während man kopfüber von der Decke hängt und gleichzeitig eine wichtige Präsentation halten muss.

Deshalb sind diese Hitzewallungen bei uns minimal älteren Frauen auch nicht so wirklich beliebt, wenn ich ehrlich bin.

Und von daher gibt es viele Tipps und Tricks, wie man diesen Zuständen angeblich entfliehen kann.

Die allgemeinen Empfehlungen gegen Hitzewallungen ähneln sich leider total und sind meiner Meinung nach auch nicht allzu einfach umzusetzen:

- Vermeiden Sie Stress. (Ist ja auch ganz einfach, wenn man als minimal ältere Frau mitten im Leben gleichzeitig ein pubertierendes Kind, einen Mann in der Midlife-Crisis und eine Mutter mit beginnender Demenz um sich hat.)
- Treiben Sie mehr und regelmäßig Sport. (Total easy, wenn die zwanzig Jahre jüngere Kollegin fit und flockig eine Überstunde nach der anderen schiebt und eindeutig ein Auge auf unsere Stelle geworfen hat.)
- Entspannen Sie sich. (Ich bin total entspannt. Total entspannt. Mega entspannt. Ohhhhmmmmggggrrrrhhhhaaaarrrrghhhhh)
- Trinken Sie Salbeitee. (Würg. Kotz.)

- Ernähren Sie sich gesund. (Zählen auch Schokolade und Rotwein dazu? Also irgendwo habe ich mal gelesen, dass ein Glas Rotwein – oder zwei Gläser, aber nicht drei – total gesund sein soll, und außerdem wird Rotwein ja bekanntlich aus Weintrauben hergestellt, und das ist Obst. Somit muss das ja sehr gesund sein. Also check: beim gesund Ernähren bin ich absolut vorne mit dabei.

PS: Weißwein wird übrigens auch aus Obst hergestellt und Bier aus Getreide – also falls Sie sich auch sehr gesund ernähren wollen …)

Hormone werden natürlich auch angeboten. Die sind aber in der Handhabung nicht so einfach und vielleicht auch nicht so nebenwirkungsfrei wie die oben genannten Hausmittelchen, das muss jede Frau selbst entscheiden.

Ich persönlich denke ja, frau muss einfach sehr kreativ mit diesem Thema umgehen, und erlebe täglich, dass auch einige meiner Freundinnen durchaus interessante Überlegungen dazu haben.

Die Freundin einer Freundin, Sonja, fing an, nur noch Soja zu sich zu nehmen: Sojamilch, Sojajoghurt, Sojaschnitzel, Sojasahne, Sojasoße. Erwiesenermaßen hilft Soja bei Wechseljahresbeschwerden. Es gab Soja morgens, mittags, abends, und Sonja hatte das leichte Gefühl, statt durchschnittlich einundzwanzig Hitzewallungen pro Tag nur noch neunzehn zu haben.

Ihr Mann redete sie irgendwann statt mit Sonja nur noch mit Soja an. Ich bin mir jetzt nicht sicher, ob er das »n« einfach vergessen hat oder ob er sie ärgern wollte. Ihm ging dieses Sojazeugs gewaltig auf die Nerven und auf den Magen. Kurz vor der Scheidung hat Sonja dann die Reißleine gezogen: Soja nur noch in kleinen Mengen, und wenn ihr heiß wird, zieht sie sich einfach komplett aus. Ihr Mann kommt damit erstaunlicherweise viel besser zurecht als mit dem Soja.

Emilie hingegen ging, als sie mitten in der Stadt eine ganz gemeine Hitzewelle erwischte, die anscheinend nie mehr aufhören wollte, einfach in den nächsten Supermarkt, kaufte sich dort drei Großpackungen Dr. Oetker Vanilleeis. Damit setzte sie sich vor dem Supermarkt auf eine Bank und klemmte sich je eine Packung unter die Achseln und die dritte in den Hosenbund.

Andrea ihrerseits überlegt, komplett nach Japan zu ziehen. Japanische Frauen haben ja keine oder kaum Wechseljahresbeschwerden, das kann man überall nachlesen. Ich musste Andrea allerdings darüber aufklären, dass das leider nicht an Japan an und für sich liegt – dort gibt es keine automatische Kühlung für minimal ältere Frauen, und Japan selbst kann wohl in manchen Gegenden auch sehr schwül sein. Es liegt vielmehr daran, dass sich die Japanerinnen schon von Kind auf anders ernähren als wir und dabei natürlich auch ganz viel Soja essen. Die haben da einfach einen jahrzehntelangen Vorsprung, das können wir als Europäerinnen nicht einfach so schnell aufholen.

Andrea zieht jetzt an den Polarkreis– selbstverständlich ohne Daunenjacke – und hofft, dass sie in ein paar Jahren wieder nach Deutschland umsiedeln kann. Eigentlich mag sie so einen Winter völlig im Dunkeln nämlich gar nicht.

Ach, es ist nicht so einfach für uns Frauen.

Aber das war's ja noch nie.

Eine andere Freundin von mir steht öfter mal mitten im Gespräch auf, geht an den Kühlschrank und stellt sich fünf Minuten vor die geöffnete Tür.

Neulich ist sie in einem Lokal einfach hinten in die Küche gegangen und hat sich für ein paar Minuten in den Kühlraum gesetzt. Das war kein Problem, da sie mit dem Restaurantbesitzer liiert ist.

Eine Strategie also, die nicht einfach so für jede andere Frau im öffentlichen Raum möglich ist.

Während ich an diesem Buch schreibe, ist es Sommer 2022 – es ist wunderbar warm oder auch viel zu heiß, wie manche meinen, und alle reden über das Klima oder über den Krieg oder über die unsichere Energieversorgung von Deutschland ab Herbst.

Atomkraftwerke weiterlaufen lassen oder nicht? Kohlekraftwerke weiterlaufen lassen oder nicht?

Also eins kann ich sagen, niemand friert gern im Winter. Nicht so wirklich.

Aber ich habe hier als minimal ältere Frau eine alternative Energielösung, auf die selbst die Grünen bisher noch nicht gekommen sind, dabei sind auch in dieser Partei durchaus ein paar Damen im besten Alter und kennen somit auch dieses lästige Thema der Hitzewallungen.

Ich bin ja der Meinung, man muss Themen und Probleme einfach nur positiv und ab und zu von einem anderen Blickwinkel aus sehen, und schon wird vieles leichter.

Wir minimal älteren Frauen haben ja über diese wunderbaren Hitzewallungen quasi unsere eigene Heizung eingebaut. Ich lade einfach im Januar ein paar meiner Freundinnen zu mir nach Hause ein, und schon kann ich für einen Nachmittag die Heizung abdrehen.

Ich möchte mir gar nicht vorstellen, was wir minimal älteren Frauen in größerer Anzahl energiemäßig bewegen könnten. Wir könnten uns irgendwie zusammenschließen und wie ein Heizkraftwerk funktionieren. Nur wie man all diese Hitze von Millionen von Frauen dann wirklich bündelt und verteilt, ist mir noch nicht ganz klar.

Aber das Problem muss ich jetzt auch nicht lösen. Schließlich bin ich weder Ingenieurin noch Politikerin.

Ich bin nur viel heißer als früher.

Zwiebellook tragen und immer einen kühlen Kopf bewahren – auch wenn es einem heiß wird –, kann ich übrigens aus persönlicher Erfahrung sehr empfehlen.

Und sich ab und zu einfach die Kleider vom Leib reißen und sich dabei unglaublich sexy fühlen, hilft auch immer.

Schließlich sind wir viel heißer als früher, und das soll und darf auch jeder sehen.

Jüngere Frauen

Also manchmal hat man ja als minimal ältere Frau das blöde Gefühl, jüngere Frauen werden irgendwie überall bevorzugt: im Job, in der Mode, in der Werbung, bei den Männern. Aber das stimmt überhaupt nicht, habe ich neulich rausgefunden.

Erstaunlicherweise ist »MILF« in den USA wohl der am häufigsten gesuchte Begriff auf Pornoseiten. (Die Deutschen suchen übrigens in diesem körperbewussten Bereich an dritter Stelle nach »mom« und auf Platz vier nach »stepmom«.)

Also werden anscheinend nicht überall nur blutjunge Frauen gesucht – aber irgendwie finde ich das jetzt nicht so wirklich tröstlich.

Und falls Sie nicht wissen, was »MILF« bedeutet – googeln Sie das bloß nicht, es könnte Sie für immer verstören.

Klimakterium virile

»Entweder hypernervös oder so ganz leicht depressiv – du weißt schon, dieser unendlich traurige Hundeblick zwischendurch, oder auch gerne mal so richtig gereizt, da willst du dich am besten ganz verkrümeln, weil du sowieso nur alles falsch machen kannst. Und dann tatsächlich anscheinend so was wie Hitzewallungen, denen des Öfteren mal mit einem kühlen Glas Weißwein entgegengewirkt wird. Und was soll ich dir sagen? Im Bett war auch schon mal deutlich mehr los.«

Annelie blickt mich mit Leidensmiene an.

»Also, wenn ich es nicht besser wissen würde, würde ich sagen, Axel ist in den Wechseljahren. Und das schlimmer als ich. Dabei gibt's das doch gar nicht für Männer.«

Annelie blickt mich ratlos an.

Ich nehme sie mitfühlend in den Arm und versichere ihr: Die Wechseljahre für Männer – die gibt es tatsächlich.

Die Wissenschaft streitet sich noch ein wenig darüber, aber fragen Sie mal lang verheiratete Frauen – die können ganze Symptomkataloge ihrer Männer nennen.

- Reizbarkeit
- Nervosität

- Konzentrationsstörungen
- Abnahme der Muskelmasse
- Zunahme der Bauchmasse
- Müdigkeit
- Antriebslosigkeit

You name it, you have it.

Die Männer nennen das natürlich nicht »Wechseljahre«.

Die Männer nennen das, wenn sie überhaupt darüber reden, einfach Midlife-Crisis und versuchen den Symptomen mit einer jüngeren Ehefrau/einer jüngeren Geliebten/einem neueren Automodell entgegenzuwirken.

Manche entscheiden sich auch für eine risikobehaftete neue Sportart.

Eine Linderung der Symptome durch eine solche Behandlung hält leider nicht sehr lange an, manchmal verschlimmert die Gabe einer jüngeren Geliebten nach einer anfänglichen deutlichen Verbesserung die Symptome sogar noch mal deutlich.

Nicht jeder Mann über fünfzig eignet sich für die erneute Aufzucht eines Kleinkindes, und auch Männer stecken durchwachte Nächte ab vierzig nicht mehr so locker weg wie früher.

Und Gleitschirmfliegen/Motorradfahren/Mountainbiken geht nicht immer gut aus. Besuchen Sie mal Rehakliniken – die können ein Lied davon singen.

Die Männer allerdings würden das alles selbst natürlich nie zugeben. Das kratzt dann wahrscheinlich doch zu sehr am Bild des Mannes, das sie von sich selbst und anderen haben.

Aber auch bei Männern verändert sich mit zunehmendem Alter der Hormonspiegel.

Ab dem dreißigsten Lebensjahr sinkt der Testosteronspiegel bei einem Mann pro Jahr so um 1–2 Prozent. Allerdings passiert das nicht so in Schüben wie bei Frauen, weshalb ungefähr die Hälfte der Männer diesen schleichenden Veränderungsprozess gar nicht so wirklich bemerken.

Oder nicht so wirklich bemerken wollen.

Das würde ich sehr gerne genauso machen, aber wenn die Tage nicht mehr kommen, kann man als Frau nicht so tun, als wäre man noch vierundzwanzig und könnte locker eine halbe Fußballmannschaft aus sich herauspressen.

Übrigens heißen die Wechseljahre bei den Männern »Klimakterium virile« – das klingt doch deutlich lustiger als »Auf dem Weg zum Opa«.

Um der Parität willen empfehlen die Ärzte den Männern das gleiche Programm wie uns Frauen: einen super gesunden Lebensstil. Gesundes Essen, viel Sport, keinen Alkohol, nicht rauchen.

Weshalb der Mann an meiner Seite ab sofort abends nur noch einen Salat mit Fisch bekommt und kein Bier mehr im Haus ist.

Er hat protestiert, aber ich bleibe hart, auch wenn ich an ihm noch keinerlei Anzeichen eines Klimakteriums virile entdeckt habe.

Man weiß ja nie, und ich will nicht gegen eine jüngere Geliebte ausgetauscht werden.

Gegen ein neueres Automodell allerdings hätte auch ich nichts einzuwenden – solange ich hinterm Lenkrad sitze.

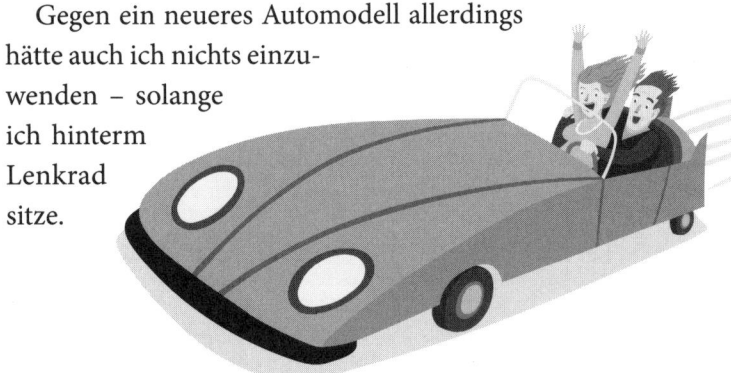

Kopf, Bauch, Kopf

Es gibt da ja diesen netten Spruch:
»Männer kommen in die besten Jahre, Frauen werden einfach alt.«

Dem möchte ich hier und heute und überhaupt und jederzeit absolut deutlich widersprechen.

Die Dinge haben sich nämlich geändert.

Jawoll.

Und zwar zu unseren Gunsten, wie ich finde, meine Damen.

Männer altern manchmal nämlich nicht allzu gut und manchmal altern sie sogar schneller als wir.

Ich spreche hier nicht von George Clooney oder Brad Pitt. Schöne Männer in der Filmindustrie haben natürlich ein deutlich längeres Haltbarkeitsdatum, aber Männer im normalen Leben verfügen nicht über so viele Möglichkeiten wie wir Frauen, das Älterwerden geschickt zu kaschieren. Das fällt mir immer wieder auf, seit ich selbst minimal älter bin.

Weniger oder gar keine Haare sind eben nicht so einfach wegzumogeln wie graue Haare.

Wir Frauen gehen einmal zum Friseur, und schon sehen wir zehn Jahre jünger aus. Okay – nicht immer, aber hin und wieder, ab und zu.

Und dem armen Mann bleibt nur ein Toupet oder die sehr aufwendige Haartransplantation von weiß Gott woher. Ich will das gar nicht so genau wissen. (Habe ich Ihnen schon die Geschichte erzählt von dem Mann einer Bekannten, der wegen kahler Stellen weit hinter den Ohren nach Rumänien reiste und als Pudel wieder zurückkam? Seine Frau war sehr glücklich mit der neuen Pracht auf seinem Kopf, bis sich herausstellte, woher dieses wunderbar krause Haar eigentlich stammte.)

Aber wo war ich? Ach ja, beim Kaschieren des Älterwerdens bei Männern.

Also am Kopf, das ist nicht einfach, das haben wir ja gerade eben gesehen. Und dann kommt als nächste Problemzone bei minimal älteren Männern der Bauch hinzu.

Also Männer neigen gerne dazu, genau in der Zeit, in der wir Frauen mit dem Kinderkriegen so langsam, aber sicher abgeschlossen haben, plötzlich mit drei Bierkästen schwanger zu werden. Das geht manchmal quasi über Nacht und braucht nicht unbedingt neun Monate.

Und nein, dieser Bauch geht nicht nach vierundzwanzig Stunden scheißschmerzhaften Wehen einfach wieder weg. Der braucht dann schon vierundzwanzig Monate hartes Training und eisernen Willen – und Letzteres ist bei vielen minimal älteren Männern nicht mehr sooo leicht zu finden.

Ich meine, wir Frauen sind natürlich eisernes Training schon von klein auf gewohnt, wir haben nun mal das schwächere Bindegewebe und mehr Fettgewebe als die Jungs.

Und wenn Sie ebenso wie ich und 98 Prozent aller Frauen nicht so gerne eisern trainieren, können Sie immer noch diese wunderbar formende Unterwäsche kaufen. Kostet, wenn sie gut ist, ein Vermögen, aber zaubert einen flachen Bauch in zwei Sekunden.

Ich weiß, wovon ich rede.

Also Kopf und Bauch sind schnell mal eine doppelte Problemzone für minimal ältere Männer.

Und dann reden wir mal über die männliche Phobie vor Arztbesuchen, vor allem vor Zahnarztbesuchen. So was rächt sich gerne im Laufe der Jahre.

Während ich und viele meiner minimal älteren Freundinnen quasi das Haus schon seit Ewigkeiten nicht mehr ohne Zahnseide und Zahnzwischenraumbürstchen verlassen, sieht es bei den Männern in dieser Hinsicht oft sehr düster aus.

Man blickt sozusagen in Abgründe.

Bei manchen minimal älteren Männern hätte man gerne, dass sie nie mehr den Mund aufmachen. Schon rein aus optischen Gründen, über Inhalte will ich mich hier jetzt gar nicht auslassen.

Und ich habe noch gar nicht über das mentale Altern gesprochen.

Ich kenne viele Frauen, die sich in meinem Alter noch mal ganz neu erfinden, neu aufstellen, Firmen gründen, die Welt bereisen, ein Studium beginnen und überhaupt das Leben führen, das vielen von uns eine Zeit lang wegen Job und Familie nicht möglich war.

Und ich kenne minimal ältere Männer, die seit Jahren quasi erst auf dem Bürosessel und danach auf dem Sofa festkleben. Und dort wollen sie auch bleiben bis zur Rente und danach. Mental zumindest.

Da ist keine Beweglichkeit mehr im Kopf, da ist nur der Wunsch, es möglichst bequem zu haben.

Eine Freundin von mir ist an der Bequemlichkeit ihres minimal älteren Mannes schier verzweifelt, dabei ist er zwei Jahre jünger als sie.

Die Kinder waren flügge, und sie wollte ins Theater, in Restaurants, ins Museum gehen, in fremde Städte und ferne Länder reisen oder wenigstens öfter mal gemeinsam irgendwas unternehmen.

Ihr Mann hingegen lag auf dem Sofa wie die Decke und warf Falten.

Er war zu müde, zu bequem, zu egal für irgendwas.

Irgendwann wurde es meiner Freundin zu blöd, und sie fing an, all die Sachen zu machen, die sie schon immer machen wollte, mit Freundinnen, mit Freunden und gerne auch alleine.

Der Mann lag weiter auf dem Sofa.

Aber irgendwann, als er das dritte Wochenende hintereinander alleine da so rumgelegen hatte und meine Freundin erst am späten Sonntagabend nach einem wunderbaren Wochenende mit einer Weinprobe in der Toskana nach Hause kam, lag er nicht mehr auf dem Sofa, sondern stand vor ihr mit zwei Tickets für eine Ballonfahrt in Kappadokien in der Hand.

Meine Freundin war sehr glücklich (auch wenn sie nicht wusste, wo Kappadokien eigentlich genau liegt), die beiden machten dann die Ballonfahrt in der Türkei, danach eine Radtour in der Provence, und aktuell ist ein Segeltörn in der Ägäis geplant. Und der Mann meiner Freundin liegt nur noch ab und an auf dem Sofa – gemeinsam mit ihr.

Sein Haar ist deutlich weniger geworden, sein Bauch dafür mehr, aber das stört meine Freundin überhaupt nicht. Hauptsache, er ist im Kopf wieder genauso so jung wie sie.

Männertausch

Es gab doch mal vor ziemlich vielen Jahren so eine seltsame Sendung bei RTL II, die *Frauentausch* hieß.

Da ließen sich Frauen darauf ein, in einer anderen, ihnen völlig unbekannten Familie eine Zeit lang die Rolle der Hausfrau und Mutter zu spielen. Die Rolle der Ehefrau war von diesen Spielen blöderweise ausgenommen. Dabei wäre das meiner Meinung nach doch das wirklich Interessante gewesen.

Aber nichtsdestotrotz war diese Sendung ziemlich erfolgreich, glaube ich, und auch ich habe ab und zu in schlaflosen Nächten mal reingeschaut. Wozu gibt's Mediatheken? Es hat mich nicht nur zum Einschlafen gebracht, sondern mir auch gezeigt, dass woanders genauso viel dreckige Wäsche rumliegt und das schmutzige Geschirr weder von anderen Kindern noch von anderen Männern in die Spülmaschine eingeräumt wird.

Warum die Frauen dabei überhaupt mitgemacht haben, ist mir bis heute ein Rätsel. Ob ich jetzt in Köln-Porz dreckige Wäsche einsammle und Butterbrote schmiere oder in Berlin-Wilmersdorf, ist ja wohl egal. Aber wahrscheinlich haben die Frauen so viel Geld für diese Sendung bekommen, dass sie sich danach selbst eine Frau zum Hausfrau-Spielen leisten konnten. Anders kann ich mir das kaum erklären.

Und wo wir jetzt endlich beim Thema Tausch sind – ich stelle zurzeit immer öfter fest, dass in dem leicht fortgeschrittenen Alter, in dem ich mich befinde, eine Art Männertausch bei den Frauen meiner Umgebung vonstattengeht.

Ich selbst habe das mit dem Männertausch ja schon erfolgreich hinter mich gebracht, aber in meinem Freundinnen- und Bekanntenkreis geht es damit gerade erst so richtig los.

Die Frauen tauschen immer öfter schnell mal ihre Männer um und aus.

Ganz so wie früher Handtaschen, Schuhe oder eine Jeans, die zu Hause plötzlich noch enger war als schon in der Umkleidekabine.

Und nein, sie nehmen die Männer dann auch nicht mehr nach drei Wochen zurück wie in der RTL-Show.

Auch nicht, wenn diese – mittlerweile völlig auf sich allein gestellt – endlich gelernt haben, die Spülmaschine selbstständig einzuräumen und die dreckige Wäsche in die Waschmaschine zu stecken.

Früher in meiner Jugend war das ja eher ein Privileg der Männer, die gerne mal im etwas fortgeschrittenen Alter ihre schon etwas gebrauchte Ehefrau durch ein neues, jüngeres und blonderes Modell ersetzten.

Aber diese Zeiten sind dank der Emanzipation oder aus anderen Gründen bei manchen Paaren vorbei. Da tauschen ganz gerne die Frauen ihre Männer aus.

Britta zum Beispiel hat ihren Mann verlassen und sich einen zehn Jahre jüngeren Liebhaber zugelegt.

Manu hat ihren Mann auf Probe rausgeworfen und überlegt, dass sie, wenn überhaupt, die Beziehung nur noch in getrennten Wohnungen fortführen will.

Angie lässt sich gerade scheiden und wird danach für ein halbes Jahr alleine nach Australien gehen.

Larissa und Franzi haben ihre Männer zum gleichen Zeitpunkt verlassen und machen jetzt im Reihenhaus von Larissa eine wilde und partyfreudige Zweier-über-40-WG auf.

Obwohl die Scheidungsrate insgesamt sinkt, steigt die Scheidungsrate der über fünfzigjährigen Frauen und der über fünfundfünfzigjähren Männer (das sind dann wohl die, die verlassen werden) laut Bundesinstitut für Bevölkerungsforschung weiter an. Die Forscher erklären sich das meistens mit der gestiegenen Lebenserwartung.

Ich erkläre mir das mit der Frage von Frauen: Will ich wirklich mit dem die Ewigkeit verbringen? Und kann ich sein Schnarchen noch vierzig Jahre ertragen, ohne ihm nachts spontan viel zu lange ein Kissen aufs Gesicht zu drücken?

Die Kinder sind aus dem Gröbsten raus oder ganz aus dem Haus, und die Frauen sehen ihre Männer plötzlich mit neuen Augen.

Und dieser Blick ist nun mal nicht immer liebevoll. Die rosarote Brille haben diese Frauen sowieso nach drei Kindern und einer jahrelangen Doppelbelastung schon längst abgesetzt.

Und dann stellen sie sich Fragen: Kann ich den umtauschen? Gegen ein neueres Modell? Das weniger schmutzt und vielleicht weniger schnarcht? Kann ich den eventuell sogar seiner Mutter zurückgeben? Schließlich ist die ja auch geschieden, noch recht fit und nicht im Altenheim. Kann ich vielleicht für den Rest meines Lebens einen Mann haben, der mich wieder als Frau sieht und nicht nur als Ehefrau oder bequemes Möbelstück?

Wie gesagt, in unserem Alter stellen sich Frauen Fragen über Fragen, und nicht immer fällt die Antwort für die betroffenen Männer positiv aus.

Überhaupt bin ich überrascht, wie wenig diese Männer die Trennung kommen sehen.

Die meisten haben es sich in der Ehe bequem gemacht und erwarten, dass das alles jetzt für immer so bleibt. Anzeichen der Unzufriedenheit bei der Frau werden entweder gar nicht bemerkt oder unter »Wechseljahre« abgetan. Dabei verstehen die Männer nicht, dass sich die Wechseljahre ganz leicht auch zu Männerwechseljahren entwickeln können.

Bei uns Frauen bewegt sich da wesentlich mehr, seit wir alle finanziell viel unabhängiger von den Männern geworden sind und eine Scheidung und Trennung gesellschaftlich nicht mehr in jedem Fall das Ende, sondern auch ein Anfang sein kann.

Ich muss bei diesem Thema übrigens immer an eine längst verstorbene Großtante von mir denken.

Die hat sich geweigert, sich neben ihrem Mann, der ein paar Jahre vor ihr verstarb, beerdigen zu lassen. Sie meinte, sie musste ihn schon fast ihr ganzes Leben lang ertragen. Seine schlechten Manieren, seinen Fußpilz und seinen Geiz. Eine Scheidung war damals in den Fünfzigerjahren für sie fast unmöglich. Finanziell gesehen und gesellschaftlich hätte es für sie das Aus bedeutet, und sie hatte Angst, das Sorgerecht für ihre Kinder zu verlieren. Schließlich war ihr Mann damals Richter und kannte sich sicher mit allen Tricks aus.

Aber wenigstens wollte sie nicht auch noch die Ewigkeit mit ihm verbringen und bekam daher ihr eigenes, sehr schönes Grab – weit von dem ihres Ehemanns entfernt.

Da haben wir Frauen es heute in den besten Männerwechseljahren doch Gott sei Dank wesentlich leichter.

Ganz alte Bekannte

Neulich war ich beim Einkaufen im Supermarkt und versuchte gerade im Regal mit den Sauerkonserven das letzte Glas mit den kleinen Cornichons aus dem obersten Fach zu angeln, als mir jemand von hinten ungebremst mit dem Einkaufswagen in meine Achillesfersen fuhr.

So was tut ganz gemein weh.

Diese blöden Einkaufswägen haben nämlich unten unter dem eigentlichen Einkaufskorb so komische Metalldinger, die sich genau auf der Höhe meiner Achillessehnen befinden, wenn ich Sneaker trage. Und in meinem Alter trage ich beim Einkaufen meistens Sneaker. Die Zeiten von High Heels an der Käsetheke sind nun wirklich vorbei. Und wenn da jemand eben nicht aufpasst und einem damit hinten reinfährt – echt verdammt Aua.

Ich schrie dezent auf und ließ vor Schreck beinahe das letzte Glas mit Cornichons fallen. Dann drehte ich mich wütend um und wollte diese blöde Person mit meiner unglaublich freundlichen Art anschnauzen: »Können Sie verdammt noch mal nicht aufpassen, Sie Vollidiotin«, als ich es gerade noch schaffte, meinen Mund einfach wieder zu schließen.

Und zwar nicht, weil diese blöde Person eine nette alte Dame mit Hütchen war. Diese netten alten Damen mit netten kleinen

Hütchen findet man immer noch ab und zu auf unseren Straßen oder in den Supermärkten und in bestimmten Cafés, und das sind die einzigen Exemplare der menschlichen Spezies, die nie von mir angeschnauzt werden.

Ich meine, wer schnauzt schon seine eigene Zukunft an?

Nein, ich hielt gerade noch meine Klappe, denn ich erkannte die Frau, die vor mir stand.

Ich habe, wie bereits erwähnt, normalerweise ein Gesichtergedächtnis wie Schweizer Käse. Also die Gesichter sind für mich die Löcher im Käse. Wenn ich jemanden nicht wirklich gut kenne – ihn also sagen wir mal die letzten fünf Jahre nicht täglich gesehen habe –, kann es mir durchaus passieren, dass ich nicht weiß, wer da gerade vor mir steht und »Hallo, Schatzi« zu mir sagt.

Das führt natürlich häufig zu sehr peinlichen Situationen. Aber ich kann echt nichts dafür, das ist genetisch bedingt, habe ich mal irgendwann und irgendwo im Internet gelesen.

Aber die Frau vor mir erkannte ich auf Anhieb: Das war doch eindeutig Sabrina Wildmann-Specht. Ihre Tochter und meine Tochter gingen zwei Jahre lang in dieselbe Klasse. Wenn mich mein Gedächtnis nicht ganz täuscht, waren es die sechste und die siebte.

Nun ist es allerdings auch schon ein Weilchen her, dass meine Tochter in der Schule war. Mittlerweile hat sie gar keine Schule mehr und das Gott sei Dank nicht deswegen, weil sie rausgeflogen ist. Dennoch kann ich mich sehr gut an Sabrina Wildmann-Specht erinnern. Ausgesprochen gut. Das hat was mit den Elternabenden mit Sabrina zu tun. Die waren eine echte Qual für mich. Und ich glaube auch noch für ein paar andere. Der Klassenlehrer machte jedenfalls immer ein Gesicht, wenn Sabrina Wildmann-Specht loslegte, als wäre er gerade ohne Narkose beim Kieferchirurgen.

Es gibt leider Eltern, für die sind Elternabende wie eine Bühne, auf der sie endlich mal ihr Ein-Mann/Frau-Stück mit dem Titel

»Also damals, als ich noch in der Schule war, war das alles ganz anders, und ich kann daher sagen, dass wir in diesem Fall jetzt ganz dringend alle zusammen ... und dann .... und überhaupt ... und sowieso ...« Etc. pp. usw. usf.

Diese Elternabende mit Sabrina Wildmann-Spechts Solovorträgen waren endlos, manche gingen erst notgedrungen am nächsten Morgen zu Ende, weil wir dann das Klassenzimmer für unsere Kinder wieder räumen mussten. Sie haben sich in mein Gedächtnis eingebrannt und mir wertvolle Lebenszeit geraubt. Manches kann sogar ich nicht vergeben und vergessen.

Und jetzt stand Sabrina Wildmann-Specht vor mir. Leibhaftig und mit einem Glas Kichererbsen in der Hand.

Auch sie blickte überrascht, und ich konnte genau erkennen, dass auch sie mich erkannt hatte. Eine Flucht hier im engen Gang des Supermarkts war leider nicht mehr möglich.

»Nein, das gibt's ja gar nicht, so ein Zufall ... Du hier!!! Mein Gott, wie lange haben wir uns nicht mehr gesehen?«

In meinem Kopf ratterte es. Tja – wie lange hatten wir uns nicht gesehen?

»Sabrina! So ein Zufall! Du hier? Das muss eine Ewigkeit her sein«, sagte ich.

»Das ist es. Eine Ewigkeit. Wohl wahr! Meine Tochter hat ja mittlerweile Abitur. Eins Komma null mit Auszeichnung im Übrigen. Dass sie damals diese Schule verlassen hat, war das Beste, was ihr passieren konnte.«

Ich blickte Sabrina an. Ha! Verlassen *musste* traf es wohl eher. Da gab es so eine Geschichte. Ich blickte Sabrina an und überlegte eine gemeine Sekunde lang, diese Geschichte irgendwie geschickt anzudeuten. Dann fiel mir etwas auf: Mein Gott, hatte Sabrina früher auch schon diese unglaublichen Krähenfüße um die Augen herum gehabt? Das waren ja ganze Krater, die sich rund um ihre immer noch viel zu stark geschminkten Lider versammelten. Also wenn man etwas älter ist und etwas mehr Falten um die Augen hat, dann setzt sich der Puder so ganz gemein in diesen Falten ab, und das sieht nicht mehr gut aus. Wirklich gar nicht mehr gut.

»Das freut mich sehr, dass es deiner Tochter dann so gut gegangen ist, nachdem sie uns verlassen hat«, sagte ich elegant und starrte weiter unauffällig auf diese Krähenfüße.

»Ja. Das war gar nicht so einfach für sie, die Schule zu wechseln. Die Klassengemeinschaft damals war doch etwas ganz Besonderes.«

Ich starrte Sabrina weiter an.

Wann war die eigentlich das letzte Mal beim Friseur gewesen? Der Ansatz ihrer Haare war ja mehr als zwei Zentimeter breit und grau. Katzengrau. Absolut grau. Man könnte fast sagen, der Ansatz war weiß. Also so richtig weiß. Schlohweiß würde ich mal so sagen.

»Ja, das war es«, sprach Sabrina weiter. »Meine Tochter hat deine dann auch ganz lange noch sehr vermisst. Die beiden waren ja beste Freundinnen.«

Waren sie nicht. Aber wer war ich, Sabrina jetzt in dieser Hinsicht zu korrigieren?

»Ja. Schade, dass der Kontakt dann doch abgebrochen ist«, sagte ich stattdessen diplomatisch, wie ich nun mal bin, und versuchte, meine Augen von Sabrina Wildmann-Spechts Gesicht abzuwenden. Vergeblich.

»Dabei wollten die Mädels sich eigentlich damals regelmäßig weiter treffen«, sagte Sabrina, und ich ertappte mich dabei, wie ich auf ihren Hals starrte. Das war eindeutig der Beginn eines Truthahnhalses. Also der Beginn einer dieser Falten schlagenden Kopfstützen, die einen unweigerlich an gerupftes Geflügel denken lassen. Und Sabrina Widmann-Specht sah tatsächlich vom Kinn abwärts aus wie gerupftes Geflügel. Dass sie versuchte, das ganze Desaster mit einem neckischen Schal zu kaschieren, machte es nicht besser. Ich würde mal sagen, dieses viel zu jugendliche Rosa des Schals lenkte erst recht die volle Aufmerksamkeit auf das Geflügeldesaster.

»Eine Zeit lang waren die beiden dann doch noch zusammen beim Tennis«, fuhr Sabrina fort.

Ich konnte mich vage erinnern. Aber nur sehr vage. Beim Tennisunterricht gibt es ja Gott sei Dank keine Elternabende.

»Ja, ach das Tennis. Sehr schön das«, sagte ich mal vorsichtshalber.

»Ja, fand ich auch. Meine Tochter hat ja dann fast in der Jugendmannschaft von Wimbledon gespielt. Sie wollte mal richtig Profispielerin werden, bis sie sich dann umentschieden hat und jetzt doch lieber Ärztin werden will. Darüber sind mein Mann und ich wirklich sehr froh. Das ist wenigstens etwas Solides.«

»Verstehe ich voll und ganz. Ganz solide«, säuselte ich.

Ich persönlich war immer schon froh gewesen, wenn meine Tochter beim Tennis niemand anderen als den Ball mit dem Schläger getroffen hat. Man kann ja nicht in jedem Bereich Talent haben, finde ich.

Und ich starrte auf den Mund von Sabrina Wildmann-Specht, die einfach so weiter auf mich einplapperte.

»Man will ja nicht, dass seine Kinder irgendwann so enden wie gewisse andere Tennisstars.«

Um Sabrinas Mund kräuselten sich so gemeine kleine Falten wie ein Plisseestoff. Diese Art von Falten kommen vom Rauchen in der Jugend. Echt ungesund dieser Scheiß. Und dann hatte sie so einen Altersfleck auf der Wange, der trotz des etwas zu dick aufgetragenen Make-ups nur unzuverlässig übertüncht wurde. Das Ding sah nicht gut aus – also ich meine, alleine schon vom medizinischen Standpunkt aus würde ich es mir entfernen lassen, sollte ich jemals so etwas im Gesicht haben. Aber ich habe so was Gott sei Dank nicht im Gesicht, ich bin ja auch ein klein wenig jünger als Sabrina Wildmann-Specht. Wenn ich mich recht erinnere, war sie damals eine der ältesten Mütter der Klasse gewesen.

»Verstehe ich voll und ganz«, erwiderte ich und versuchte nicht allzu gebannt auf diesen Altersfleck auf Sabrinas rechter Wange zu starren.

Sabrina seufzte auf, blickte auf ihre Uhr.

»Tut mir leid, ich sehe gerade, ich muss dringend weiter. Aber es war echt schön, dass wir uns nach all der Zeit mal wieder getroffen haben. Lass uns das unbedingt wiederholen. Vielleicht auf einen kleinen Kaffee irgendwann.«

»Gerne«, sagte ich und überlegte, an welche Insel mich der Umriss des Altersflecks erinnerte. Sylt? Sardinien? Korsika?

»Also dann!«

»Also dann!«, sagte Sabrina, legte das Glas mit den Kichererbsen in ihren Einkaufswagen und verschwand mit schnellen Schritten in Richtung Kasse.

Ich blieb vorsichtshalber noch eine halbe Stunde bei den Sauerkonserven stehen. Ich wollte Sabrina echt nicht noch mal begegnen.

Eine Stunde später war ich endlich zu Hause und räumte gerade die Lebensmittel ein, als mein Handy klingelte. Lara, eine Bekannte, war dran. Sie musste mir unbedingt etwas erzählen. Gerade hatte Sabrina sie angerufen. Also Sabrina Wildmann-Specht. Die aus der Klasse unserer Kinder damals, deren Tochter wegen dieser Geschichte die Schule verlassen musste. Lara und Sabrina hatten offensichtlich all die Jahre über noch lockeren Kontakt gehalten, was ich gar nicht wusste. Sabrina hat Lara also gerade erzählt, dass sie mich kurz zuvor im Supermarkt getroffen hatte, und gemeint, sie sei ja etwas geschockt gewesen, ich sei ganz schön alt geworden. Also nicht schön alt, sondern nur alt.

Und ganz speziell hätte Sabrina meine Krähenfüße und meinen grauen Haaransatz erwähnt. Lara wollte mir das nur sagen, weil sie nicht hinter meinem Rücken mit Sabrina über mich lästern wollte. Schließlich wollte Sabrina demnächst mit mir mal einen Kaffee trinken gehen.

Soso, Kaffee trinken.

Nach etwas weiterem Small Talk mit Lara legte ich schließlich auf.

Ich musste dringend vor den Spiegel.

Pfffffffff! Krähenfüße! Das sind doch keine Krähenfüße. Das sind kleine Lachfältchen. Etwas Make-up drüber, und man sieht die gar nicht mehr!

Und übermorgen habe ich sowieso einen Termin beim Friseur.

ALSO ECHT JETZT!

Maní, Pedí, Podí

Ich habe es seit ein paar Wochen so furchtbar im Kreuz, und der Arzt behauptet steif und fest, es sei kein Bandscheibenvorfall. Mein Rücken behauptet allerdings etwas ganz anderes.

Der Arzt behauptet auch, es sei in meinem Alter völlig normal, dass ab und zu was zwickt und zwackt, ohne dass man ganz klar feststellen kann wieso, und dass das irgendwann wieder vorbeigeht.

Oder auch nicht.

Der Arzt ist ein Idiot und damit eine Koryphäe auf seinem Gebiet.

Er hat mich gespritzt und mich gebeten, jede Woche wiederzukommen und ansonsten abzuwarten.

Das tue ich. Ich warte, dass mein Rücken besser wird. Aber mein Rücken denkt gar nicht daran.

So schleppe ich mich mit Leidensmiene durch die Welt, hoffe auf Besserung und besuche regelmäßig meinen Orthopäden, den ich mittlerweile gefühlt öfter treffe als den Mann an meiner Seite.

Und während ich auf Besserung hoffe, wächst … nein, nicht meine Zuversicht auf Heilung und Schmerzfreiheit, sondern der Nagel an meinem kleinen Zeh.

Und der wächst überproportional schnell.

Und die anderen Zehennägel auch.

Sie wachsen von Tag zu Tag, und ich komme verdammt noch mal nicht mehr an sie ran, um sie zu schneiden, zu feilen, zu hegen und zu pflegen.

Beinahe so, als wäre ich eine ganz alte Frau. Ich habe es versucht, ich habe es wirklich versucht. Aber ich bin sechzehn Zentimeter vor dem Ziel gescheitert.

Auch an die verdrehte Lotusblüte, eine Yogaübung, die normalerweise kein Problem für mich darstellt und mit der ich meine Zehennägel einfach abkauen könnte (mache ich natürlich nicht, grauenvolle Vorstellung), ist im Moment nicht im Traum zu denken.

Die asiatischen Damen des schicken Pedi- und Mani-Shops in der Innenstadt, bei denen ich wegen des Zehenthemas vorstellig geworden bin, sind beim Anblick meiner Zehennägel in Ohnmacht gefallen, und eine der Damen ist noch am selben Tag traumatisiert zurück nach Thailand geflogen.

So was fassen die nicht an.

Ich kann sie verstehen.

Und so wachsen meine Fußnägel einfach weiter, während ich nach Hause trotte und mir überlege, wie ich dieses Problem in den Griff bekomme.

Den Mann an meiner Seite will ich nicht bitten, mir die Zehennägel zu schneiden.

Das ist so intim, das tötet jede Intimität.

Und meine Tochter weigert sich.

Sie wird mir in ein paar Jahren oder im Notfall jetzt gleich eine osteuropäische Pflegekraft für das Doppelte meines monatlichen Einkommens und für das Zehnfache meiner Rente zur Verfügung stellen, die sich dann um meine körperlichen Bedürfnisse kümmert, aber sie selbst wird das weder heute noch in Zukunft jemals übernehmen.

Ich kann sie verstehen.

Ich würde das mit meiner Mutter auch so handhaben.

Und meine Mutter kann das auch verstehen.

Aber Gott sei Dank braucht meine Mutter das noch nicht. Sie ist noch super fit.

Aber wie bitte schneidet sie ihre Zehennägel?

Ich kann mir nicht vorstellen, dass sie da noch runterkommt. So fit ist sie mit über achtzig nun auch nicht mehr.

»Kind«, sagt sie, als ich sie danach frage, »du musst zur Podologin.«

Ich muss zur Podowas?

Ich habe keine Ahnung, wovon meine Mutter redet, normalerweise bin ich diejenige, die altklug mit Fremdwörtern um sich wirft.

Meine Mutter blickt mich missbilligend an.

»Du musst zur Podologin, zu der Frau, die mir und deinem Vater seit zwanzig Jahren die Füße macht. Kind, du lebst eindeutig hinter dem Mond, sooo jung bist du auch nicht mehr, dass du es dir leisten kannst, nicht auf gepflegte Füße zu achten.«

Also hallo!

Ich bin immer noch jung genug, dass meine Mutter mich mit Kind anspricht.

Das wird sie allerdings auch noch machen, wenn ich selbst über achtzig bin, falls sie dann noch lebt.

Also früher, noch vor so zwei, drei Monaten, als ich noch jung und frisch und schmerzfrei war und mir die Zehennägel selbst schneiden konnte, habe ich ja gedacht, Podologie sei eine seltsame Wissenschaft für den Po. Ist doch logo, oder?

Eine Podologin ist aber eine Fußpflegerin.

Und in diesem Fall ist die Fußpflegerin meiner Eltern eine sehr streng blickende Dame Anfang sechzig, bei der ich nur durch maximale Fürbitte meiner Eltern und einer Bestechung in Form des beliebten Apfelkuchens meiner Mutter einen Termin innerhalb der nächsten acht Tage bekommen konnte.

Als ich die Praxis betrete, komme ich mir vor wie beim Arzt.

Das hier hat so gar nichts von einem schicken Pedi- und Maniküre-Shop.

Das hier sieht aus wie bei einem Zahnarzt für Füße. Und es gibt sogar einen ganz ähnlichen Stuhl.

Die Podologin betrachtet missbilligend meine Zehennägel, als ich schließlich auf dem Stuhl Platz genommen habe, aber wenigstens nimmt sie nicht gleich Reißaus, und sie fällt auch nicht in Ohnmacht. Ich schätze mal, sie hat schon alles gesehen, was die Nagelwelt so hergibt.

Und dann macht sie sich über meine Zehennägel her. Sie feilt, schneidet, schiebt und runzelt zwischendurch immer wieder missbilligend die Stirn. Ich bemühe mich mit aller Kraft stillzuhalten, aber ich bin furchtbar kitzelig – besonders an den Füßen.

Irgendwann ist sie fertig, und meine Füße sehen wieder ganz toll aus. Perfekt gepflegt.

Aber die Podologin hat sich dann doch geweigert, mir am Ende noch etwas Glitzernagellack drauf zu machen – auch nicht gegen extra Trinkgeld. Dafür hat sie mich darauf aufmerksam gemacht, dass ich da an der zweiten Zehe links ein Hühnerauge bekomme. Das sei in meinem Alter aber ganz normal, keine Sorge. Das bekommt man mit Gesundheitsschuhen und einem Hühneraugenpflaster in den Griff. Und überhaupt sei ich in dem Alter, in dem ich ab sofort alle vier Wochen kommen sollte. Es könnte sein, dass ich meine Zehennägel bis zum Ende meines Lebens nie wieder selbst erreichen kann.

Ich verlasse fluchtartig den Behandlungsraum und renne vorbei an zwei über achtzigjährigen Damen, die draußen auf den Stühlen auf ihren Termin bei der gestrengen Podologin warten. Aus dem Augenwinkel sehe ich Gesundheitsschuhe und Hühneraugenpflaster an ihren Füßen.

Also sooo alt bin ich nun wirklich nicht. Dafür bin ich einfach noch nicht bereit – und werde es hoffentlich auch niemals sein.

Als ich endlich draußen bin, beschließe ich, es vielleicht doch mit »*live fast, die young*« – na ja, nicht mehr ganz so young – zu versuchen, falls mein Rücken nicht besser wird.

Oder ich lass die Nägel dann einfach wachsen.

Ich habe mal im Internet ein Video gesehen von einer Frau, die sich seit zwanzig Jahren nicht mehr die Fingernägel geschnitten hatte. (Es gibt wirklich Dinge im Internet, die man früher niemals erfahren hätte, und ich habe das Gefühl, ich bin randvoll mit absolut unwichtigen Informationen, die kein Mensch braucht. Außer ich gerade für diesen Text.) Die Frau konnte quasi nichts mehr greifen, und das Tippen auf einer Tastatur ist mit zwei Meter langen Fingernägeln sicher unmöglich.

Bei nicht geschnittenen Fußnägeln würde das dann wohl dazu führen, dass ich erst mal nur noch Flip-Flops (auch im Winter), dann übergroße Clownsschuhe und am Ende vielleicht so Taucherflossen tragen müsste.

Das ist nicht wirklich praktikabel und auch nicht schick.

Dann doch lieber die Podologin und Gesundheitsschuhe?

Am nächsten Morgen war mein Rücken wundersamerweise übrigens wieder völlig in Ordnung.

Die verdrehte Lotusblüte war auch kein Problem mehr.
Ich bin anscheinend doch noch jünger, als ich dachte.
Und meine Zehennägel gehören die nächsten Jahre mir und nur
mir allein.

Muppet Show

In meiner Jugend habe ich Samstag immer die Muppet Show im Fernsehen angeschaut. So alt bin ich schon.

Ja, da konnte man noch nicht einfach streamen, und eine Mediathek gab es auch nicht, vielmehr musste man tatsächlich zu einer bestimmten Zeit vor dem Fernseher sitzen, wenn man eine bestimmte Sendung sehen wollte.

Heutzutage würde das als Folter gelten und die UN-Menschenrechtskommission auf den Plan rufen.

Also, heute würde das niemand mehr machen – außer vielleicht für Fußballspiele, da machen die meisten das noch. Die beginnen ja auch blöderweise zu einer bestimmten Zeit, und es ist noch blöder, wenn der Nachbar einem vom zwei zu null und dem tollen Fallrückzieher erzählt, noch bevor man sich das Spiel in der Mediathek angeschaut hat.

Aber ansonsten: sich zu einer bestimmten Zeit für eine bestimmte Sendung hinsetzen, ist ja so was von *oldschool* und hoffentlich noch viel älter, als ich es bin.

Die Muppet Show fanden übrigens außer mir noch viele andere großartig und wirklich lustig. Kult sozusagen, wobei ich mir sicher bin, dass man mittlerweile auch nicht mehr »Kult« sagt. Ach, die Zeiten und die Wörter ändern sich so verdammt schnell.

Kermit ist so wundervoll und charmant, und welche Frau hätte nicht gerne irgendwo in sich eine kleine oder große Miss Piggy in ihrer hinreißend selbstverliebten Art.

Ach. Love, Kult, oder was auch immer.

Und dann gab es in der Muppet Show noch diese beiden alten Männerfiguren auf dem Balkon, die immer wieder von oben herab die Muppet Show begutachteten und belästerten:

Statler und Waldorf.

Zwei – so würde man heute sagen – alte weiße Männer.

Mit einem großartigen Humor waren die beiden Figuren ausgestattet. Bissig und bösartig und – o mein Gott, das würde sich heute keiner mehr trauen – politisch ganz oft völlig unkorrekt.

Nun, jetzt sind ein paar Jährchen seit der letzten Muppet Show vergangen – dafür kann man jetzt Teile der Muppet Show auf YouTube streamen.

Und ich merke, ich habe mich trotz meiner Vorliebe für Miss Piggy langsam, aber sicher in eine Frau Statler oder eine Frau Waldorf verwandelt.

Oder vielleicht ist auch nur die Miss Piggy in mir älter geworden und sitzt jetzt da oben auf dem Balkon und lästert über die Jugend und die Deppen, die jetzt die Show schmeißen, denn seit Miss Piggy leichte Arthrose im rechten Knie hat und seit drei Jahren von Kermit geschieden ist, tritt sie nicht mehr so oft selbst auf.

Ach, das minimal Älterwerden geht selbst an grandiosen rosa Schweinchen nicht vorbei.

Aber Tutu trägt Miss Piggy natürlich auf dem Balkon noch immer, und Gewicht war ja bei ihr nie Thema.

Also egal, ob ich gerade Statler und Waldorf oder die minimal ältere Miss Piggy bin: In jedem Fall merke ich, dass ich deutlich meckeriger, biestiger und lästerlauniger bin als früher.

Jetzt sitze ich gefühlt selbst ab und zu auf dem Balkon des Lebens und blicke nach unten auf das wuselige Treiben unter mir und um mich herum und mache mit größtem Genuss kleine oder große böse Bemerkungen.

Ich weiß, ich habe hier im Buch irgendwo geschrieben, dass ich mich jetzt nicht mehr so aufrege wie früher.

Vergessen Sie das.

Das war gelogen. Oder eine Wunschvorstellung.

Die Wahrheit ist, ich rege mich die ganze Zeit auf.

Über alles und jeden.

Über dies und das.

Übers Wetter und die Welt.

Über die Frau in der Schlange vor mir.

Über Politiker und Poser.

Über mich selbst und über andere.

Vielleicht liegt es daran, dass ich das Gefühl habe, ich hätte nicht mehr so viel Zeit und auch nicht mehr so viel Geduld für Irre und Wirre, für Schwätzer und für Selbstdarsteller.

Vielleicht liegt es auch daran, dass man mit zunehmendem Alter doch schon einiges gesehen hat und sich nicht mehr so leicht was vormachen lässt.

Und vielleicht liegt es auch daran, dass man jetzt alt genug ist, um Schwachsinn einfach als Schwachsinn zu bezeichnen.

Ich schaue mir das Theater der Welt vom Logenplatz aus an, meckere kurz, denke mir »Was für Vollidioten«, dann streiche ich mein rosa Tutu glatt und mache mich bereit für ein Date mit Kermit. Ich habe das gute Gefühl, ich und der grüne Frosch heiraten vielleicht ein zweites Mal – aber diesmal mit deutlich mehr Pomp.

Tja.

Im wahren Leben könnte ich mir durchaus vorstellen, in einigen Jahren, wenn ich wirklich alt und in Rente bin, irgendwo im Süden auf einem Marktplatz, einer Piazza oder auf einer Plaza zu sitzen und zu meckern.

Im Süden sitzen die Älteren zwar auf Marktplätzen, aber sie meckern nicht.

Sie sitzen da in der Sonne, spielen Boule, trinken einen Rosato oder Rouge, lassen das Leben vorbeiflanieren und vorbeisummen.

Und nicht vorbeimeckern.

Das finde ich eigentlich die bessere Methode.

Vielleicht muss ich doch irgendwann auswandern für mehr Gelassenheit.

Wärmeres Wetter soll ja auch den alten Knochen ganz guttun.

Rotwein trinke ich sowieso am liebsten, und ich bin mir ganz sicher, dass ich auch in Italien die Muppet Show streamen kann.

Na, rollt doch

Neulich hatte ich ein etwas unschönes Erlebnis in einem Supermarkt. Hinter mir an der Kasse stand ein ziemlich alter bis sehr alter Mann mit einem Rollator, der erst den jungen Mann hinter sich anmeckerte und sich dann direkt an mich wandte, die vor ihm stand, um weiter an mir herumzunörgeln.

Es kam ein Gemecker und Gezeter von ihm, dabei dachte ich, hat der arme Mann denn nicht genügend damit zu tun, gleichzeitig einen Rollator und einen riesigen Einkaufswagen zu schieben?

Aber wahrscheinlich war das überhaupt der Grund für das Gemecker und Geraunze. Und weil er so meckerte, habe ich mich gar nicht getraut ihn zu fragen, ob ich ihm irgendwie helfen kann.

Ich bin nämlich eigentlich viel netter, als ich aussehe. Das muss hier mal gesagt werden.

Also ich stelle mir das auch wirklich schwierig vor, gleichzeitig einen Rollator und einen Einkaufswagen zu schieben. Das ist wohl schlimmer, als im siebten Monat schwanger zu sein und gleichzeitig einen Zwillingswagen vor sich her zu schieben.

Ich zahlte meine Einkäufe und versuchte nach draußen in meinen Alltag zu verschwinden.

Aber der Mann meckerte auch draußen auf dem Parkplatz weiter, zwei Autos neben mir, während er seine Einkäufe einlud. Und sein Rollator sah ebenso trist aus wie der ganze Mann.

Und während ich meine Sachen in den Kofferraum packte, kam mir eine Idee.

Ich würde Rollatoren entwerfen.

Bunt, lustig, mit einem großen Korb vorne zum Ausklappen, damit man keinen Einkaufswagen mehr braucht und alles gleich einladen kann.

Rollatoren in Knallpink mit Paisleymuster, mit einer kleinen Blumenvase vornedran, mit einem fetten Lautsprecher und Selfiestick ausgestattet.

Die Geschäftsidee des Jahrhunderts – und ich war vor allen anderen draufgekommen.

Ich würde reich wie Elon Musk werden – genau – und Rollatoren mit Elektroantrieb bauen. Meine Fantasie galoppierte mit mir auf und davon.

Schließlich stieg ich ins Auto, und als ich wieder zu Hause war und meine Einkäufe ausräumte, war der Traum schon vergessen.

Ein paar Tage später stand ich im selben Supermarkt wieder an der Kasse.

Der ältere Mann mit dem Rollator war auch wieder da.

Direkt vor mir.

Er meckerte gerade die Kassiererin an.

Er hatte keinen Einkaufswagen, nur eine kleine Tasche und seinen grauen Rollator.

Wahrscheinlich war der Rollator so grau wie sein Alltag, stellte ich mir plötzlich vor.

Es ist sicher nicht so schön, so alt zu sein, dass man ohne Rollator nicht mehr einkaufen gehen kann.

Kein Wunder, dass man da meckerig wird.

Bestimmt wäre ich an seiner Stelle völlig unerträglich. Wahrscheinlich würde ich nicht nur verbale Stinkbomben werfen, um meiner schlechten Laune Ausdruck zu verleihen.

Ich blickte den Mann, der immer noch meckerte, mit neuem Mitgefühl an und griff kurz entschlossen zu zwei Blumensträußen, die direkt neben der Kasse auf Käufer warteten.

Ich drückte erst dem völlig perplexen und immer noch meckernden Mann einen Blumenstrauß in die Hand. »Nehmen Sie. Der ist für Sie. Haben Sie einen schönen Tag.«

Und den zweiten überreichte ich der völlig verblüfften Kassiererin. »Ich glaube, Sie brauchen auch gerade einen.«

Was soll ich sagen?

Das Meckern des alten Mannes, der mich offensichtlich vom letzten Mal nicht wiedererkannte, ging in ein Lächeln über, und er bedankte sich höflich und überschwänglich bei mir. So etwas sei ihm in seinem ganzen Leben noch nie passiert, Blumen von einer Frau, und überhaupt, jemand so Nettes …

Immer noch lächelnd schob er seinen Rollator zu seinem Auto und lud friedlich Einkäufe und Rollator ein.

Ich beobachtete ihn zufrieden.

Ach.

Ich werde wohl doch nicht groß ins Rollatorgeschäft einsteigen. Ich bin viel zu beschäftigt mit Schreiben und allen möglichen anderen Dingen.

Und Elon Musk hat wahrscheinlich sowieso schon längst die gleiche Idee gehabt und bastelt schon an einem Rollator, mit dem man dann ins All fliegen kann.

Aber an meinen Rollator kommen später in jedem Fall immer ein paar Blumen (und wenn es unechte sind).

Denn alt und unerträglich sein – das wünscht sich niemand.

Und wie man sieht, kann man daran sehr leicht was ändern.

Nicht das Alter, aber den ganzen verdammten Rest.

Nebel des Grauens

Also, wo war ich? Worüber wollte ich jetzt eigentlich schreiben? Ahhh. Eben noch hatte ich eine Idee, und jetzt sitze ich am Computer, und alles ist weg.

Der Cursor blinkt, die Seite bleibt leer.

Leer wie mein Kopf.

Das passiert mir in letzter Zeit öfter mal. Und nicht nur am Computer. Ich geh in den Keller, und wenn ich unten bin, weiß ich nicht mehr, was ich da wollte und sollte. Kaum bin ich wieder oben, fällt es mir ein.

Es ist auch schon passiert, dass ich dann ein zweites Mal in den Keller ging und – schwups – schon wieder vergessen hatte, was ich da wollte. Was war das noch mal?

Wissen Sie es vielleicht?

Wenn ich erneut oben bin, fällt es mir meistens wieder ein. Die Wäsche. Ich wollte die Wäsche aus dem Keller holen.

Ich schreibe mir selbst jetzt ab und zu so kleine Post-its und klebe sie mir auf die Stirn oder auf die Brust.

Limo. Wäsche. Briefmarken. Schlüssel. Handy. Mann.

Ständig vergesse ich, was ich wo wollte und wenn ja, wie viel ich wollte. Oder was ich überhaupt da wollte. Was mache ich gerade im Schlafzimmer? Was habe ich da zu suchen? Und was wollte ich dringend einkaufen? Ich stehe im Supermarkt und fühle mich verloren inmitten der Tütensuppen.

Keine Ahnung.

Ich mag gar keine Tütensuppen, was also wollte ich hier?

Das kommt Ihnen irgendwie bekannt vor?

Ihr Gehirn ist zwar noch da, aber Sie haben das Gefühl, dass es völlig vernebelt ist? Alles wabert und schlingert, und Sie versuchen den Pfad der verloren gegangenen Gedanken wiederzufinden? Sie vergessen Namen, Orte, den Sinn des Lebens?

Sie bekommen Panik?

Das sind sicherlich die Anzeichen von viel zu früh einsetzendem Alzheimer. O Gott o Gott o Gott o Gott. Dabei hatten Sie doch noch so viel vor in Ihrem Leben.

Aber was genau war das noch mal?

Ich kann Sie beruhigen.

Sie haben keine Demenz.

Sie sind nur jetzt Mitglied im Club der nicht mehr ganz so jungen Frauen.

Die Amerikaner nennen dieses Phänomen im Übrigen »*brain fog*« – Gehirnnebel.

Ich nenne das den Nebel des Grauens.

Drei Viertel aller Frauen, die – sagen wir es mal höflich – nicht mehr unter vierzig sind, kennen diesen brain fog.

Manche jüngere sagen zwar, sie würden den Nebel des Grauens auch kennen, aber ich behaupte mal, das hat dann völlig andere Gründe. Verliebtsein. Alkohol. Drogen. Schwangerschaft. Zu wenig Gehirn.

Das alles ist im Übrigen ja leider auch in späteren Jahren möglich – von der Schwangerschaft mal abgesehen – und kommt erschwerend zum Nebel des Grauens noch hinzu.

Das kann einem am Anfang, wenn man das erste Mal alles und jeden vergisst, wirklich Angst machen.

Eben wie in diesem blöden Horrorfilm mit dem schönen Titel *Nebel des Grauens*. Ich selbst habe ja den Film leider – oder vielmehr Gott sei Dank – nie gesehen, ich habe nur davon gehört. Ich bin nämlich ein Weichei. Horrorfilme sind nichts für mich. Ich kann dann nächtelang nicht schlafen.

Vor Jahren, habe ich mir blöderweise mal *The Sixth Sense* angeschaut, während mein damaliger Mann auf Geschäftsreise war. Tolle Idee, wenn man danach für ein paar Tage und Nächte ganz allein in einer großen Wohnung ist. Ich habe drei Nächte bei voller Prunkbeleuchtung geschlafen, das heißt also, ich habe so gut wie gar nicht geschlafen und sah nach dieser Zeit selbst aus wie einer der Geister, die der kleine Junge in dem Film ständig überall sieht. Grauenvoll.

Als würde es nicht schon reichen, wenn ich im normalen Leben mit furchterregenden Dingen wie fetten Spinnen an der Zimmerdecke konfrontiert werde.

Aber zurück zum Nebel in meinem Kopf. Der hat mir am Anfang wirklich Sorgen bereitet.

Das geht fast allen Frauen so, die mit dem *brain fog* zu kämpfen haben. Schließlich ist es nicht besonders lustig, wenn man mitten im Gespräch den Namen seines Gegenübers vergessen hat.

Es gibt mittlerweile ein paar Studien dazu, die alle zu dem Schluss kommen, dass dieser Hirnnebel sich bekämpfen lässt und zwar mit absolut gesunder Ernährung und viel regelmäßigem Sport. Die Details zu diesen Studien habe ich in einem heftigen Anfall von *brain fog* Gott sei Dank gleich wieder vergessen.

Allerdings gibt es eine Untersuchung, die besagt, dass zwei Gläser Rotwein in der Woche dem Gehirn auch sehr helfen können.

Also, Sie sehen, der Nebel muss nicht unbedingt was Schlechtes sein.

Irgendwann habe ich übrigens ganz ohne Wissenschaft gemerkt, dass dieser Nebel durchaus auch seine guten Seiten hat. Man muss nur kreativ damit umgehen, wie eben mit allen Dingen im Leben.

Nun gut, manchmal muss ich dreimal in den Keller runter, um endlich die Rohrzange für den tropfenden Wasserhahn nach oben zu bringen – aber bis dahin habe ich zwei Weinflaschen mit nach oben geholt und somit die Voraussetzungen für einen wunderbaren Abend und für die Bekämpfung des Nebels geschaffen.

Außerdem erinnere ich mich ab sofort nur noch an Dinge, an die ich mich wirklich erinnern will.

Anscheinend löscht der Nebel des Grauens vor allem das Kurzzeitgedächtnis. Wichtige Dinge und lebenswichtige Menschen wie das eigene Kind oder der Mann, den man schon länger in seinem Leben hat, bleiben davon verschont.

Wer bin ich? Wen liebe ich? Und wann ist Happy Hour?

Diese Fragen beantworten zu können, reicht, um klarzukommen im Leben.

Den Rest der Welt kann man sowieso ganz beruhigt ab und zu einfach im Nebel verschwinden lassen.

Plus und Minus

Also, wenn man älter wird, muss man sich einfach daran gewöhnen, dass man so einiges verliert: zum Beispiel ein paar Zähne oder Haare oder die Geduld, oder die Fähigkeit, im Supermarkt das Kleingeschriebene auf den Verpackungen zu entziffern.

Ach! Wem sage ich das? Beim Älterwerden gehen einem blöderweise viele Dinge einfach so verloren. Die Jugend. Ein paar Männer. Und ich suche seit einiger Zeit einen Schal, den ich seit locker fünfzehn Jahren besitze.

Also das steht alles auf der Minusseite des Älterwerdens.

Aber ich kann Sie trotzdem trösten.

Man gewinnt nämlich auch unglaublich viel dazu:

An Kilos.

An Gramm.

An Speck.

An Röllchen.

An Gewicht.

An Pfunden.

An Fettzellen.

Na gut, ich gebe zu, das sind Zunahmen, die ich und die meisten anderen Frauen, die ich so kenne, gar nicht so richtig gerne mögen.

Eigentlich überhaupt nicht.

Darauf könnten wir also gern verzichten. Tausche zum Beispiel fünf Kilo Röllchen an unvorteilhafter Stelle gegen den Zahn, den ich demnächst durch eine Krone ersetzen lassen muss.

Funktioniert blöderweise leider überhaupt nicht.

Der Zahn wird mich zum größten Teil verlassen.

Die Röllchen werden bleiben.

Also wenn Sie gerade so langsam dabei sind, sich dem Thema Wechseljahre zu nähern, oder bereits mittendrin sind oder es schon hinter sich haben, wissen Sie genau, wovon ich schreibe.

Vor, während und nach diesen Jahren legen Frauen an Gewicht zu.

Das sagt nicht nur mein Gefühl und meine Waage, sondern auch die Wissenschaft. Das hat irgendetwas mit dem Stoffwechsel zu tun, der sich in dieser Zeit angeblich verlangsamt und dazu führt, dass mein Körper denkt, das winzige Stückchen Schokolade, das ich mir gerade ganz ausnahmsweise heute mal gönne, sei in Wahrheit so eine Art Zwei-Kilo-Milka-Riesentafel. Mit Nüssen. Mit Rosinen. Mit Nougat. Und mit Keksen drin.

Also so verarbeitet mein Körper das.

Der ist sozusagen auch in dieser Hinsicht etwas aus dem Gleichgewicht.

Im Schnitt nehmen Frauen in der Mitte des Lebens so 0,7 Kilo pro Jahr zu. Nein, nicht sieben Kilo pro Jahr, wie Sie und ich jetzt gerade realistischerweise denken. Es sind »nur« 0,7 Kilo – sagen Sie das mal bitte Ihrem Körper und Ihrer Waage.

Das reicht ja schließlich auch schon.

Das Vertrackte an der ganzen Sache ist, selbst wenn Sie weiterhin so essen wie immer, legen Sie automatisch zu. Das liegt daran, dass der Körper mit den Jahren langsam Muskelmasse verliert.

Und dafür Fettdepots aufbaut.

Also schon wieder Plus/Minus.

Minus Muskeln, plus Fettdepots.

Also schon wieder falsch rum.

Das nervt wirklich.

Umgekehrt wäre das ganz wunderbar. Hallo, Mutter Natur!

Hörst du mich? Du bist doch auch eine Frau!

Hier läuft etwas entschieden falsch.

Das Schöne ist allerdings, dass es einen Ausgleich zwischen den Geschlechtern und den Diversen gibt. Im Alter legen wir nämlich alle mehr oder weniger zu. Die Männer genauso wie die Frauen und alle anderen auch.

Ist das nicht wenigstens etwas tröstlich?

Aber was soll ich sagen?

Die Wissenschaft hat meiner Meinung nach überhaupt keine Ahnung von dem komplizierten Leben von Frauen, denn Frauen können auch vor, unter und neben den Wechseljahren völlig problemlos an Gewicht zulegen.

Ganz einfach so.

Also dafür brauchen wir die Wechseljahre ja nun wirklich nicht.

Ich und die anderen, die ich so kenne, versuchen natürlich, diese Zugewinne der Wechseljahre auch wieder zu verlieren.

Also aus dem + ein – oder wenigstens ein = zu machen. Das ist allerdings unglaublich schwierig und wird von Jahr zu Jahr schwieriger.

Früher war das noch völlig anders.

In jüngeren Jahren einmal Abendessen ausfallen lassen, und am nächsten Morgen hatte man zwei Kilo weniger – also theoretisch wenigstens, bei mir hat das nie so ganz geklappt. Es waren eher 500 Gramm, und das könnte daran liegen, dass ich meistens versucht habe, nur mit einem Bein auf der Waage zu stehen. Das länger auf einem Bein Stehen ist mittlerweile auch etwas schwieriger geworden – leider.

Frauen in Ihrem und in meinem Alter nehmen eigentlich gar nicht mehr ab. Und wenn sie dann doch mal nach drei Jahren Knäckebrot und stillem Wasser endlich vier Gramm verloren haben, dann garantiert an den völlig falschen Stellen.

Am Bauch bleibt alles kleben, dafür verschwindet der Po. Die Oberschenkel verändern sich nicht, aber der Busen wird leichter, dafür rutscht er leider auch etwas tiefer.

Das ist total gemein.

Ich würde am liebsten ein paar Fettzellen hin und her schieben wie bei einem Knetmännchen.

Auf diese Idee sind auch ein paar clevere Schönheitschirurgen gekommen und pumpen Fett vom Bauch in den Busen oder in den Po oder schieben das sonst wohin. Aber das ist ja auf die Dauer auch keine Lösung, und wer will schon seinen Po im BH tragen?

Es gibt da diesen blöden Spruch, dass man sich als Frau im Alter entscheiden muss, ob man eine Ziege oder eine Kuh werden will. Die Ziegen sind die Dünnen und die Kühe die etwas Fülligeren. Die etwas Fülligeren haben dabei den Vorteil, dass das Fülligersein die Falten gut polstert.

Dafür sind die Dünnen dünner.

Ich halte das ja überhaupt und ganz und gar für einen ziemlich frauenfeindlichen Spruch. Und möchte das hier gerne mal auf Männer übertragen: Die können sich überlegen, ob sie im Alter als Fass oder als Strohhalm auf dem Sofa sitzen.

Überhaupt will ich weder eine Kuh noch eine Ziege werden, auch wenn ich beide Tiere sehr mag. Ich will ich selbst bleiben, soweit das irgendwie geht.

Aber das wird sicher nicht so einfach bis ziemlich unmöglich sein.

Wenigstens befinde ich mich dabei in bester Gesellschaft.

Denn wie schon gesagt: »Die meisten Frauen nehmen in dieser Lebensphase zu und klagen über ihren Bauch.« Das sagt Professor Dr. Andreas Pfeiffer von der Charité in Berlin.

Das hängt übrigens nicht nur mit der Hormonumstellung zusammen, sondern wohl auch noch mit allem möglichen anderen.

Vielleicht mit Schokocroissants, Rotwein und Käsegebäck? Netflix und Couch? Bequemlichkeit und heute ist es zu sonnig fürs Yogastudio?

Ach ja.

Aber Herr Professor Pfeiffer hat noch eine andere Erklärung dafür, warum wir so ins Plus mit den Pfunden geraten: »In jüngeren Jahren verbrauchen wir außerdem einen guten Teil unserer Energie durch Aktivitäten wie Fingertrommeln, Wippen mit den Füßen, eine gewisse Hippeligkeit«, erklärt er in der *Apotheken Umschau*. »Auch diese absichtslosen Bewegungen lassen nach, man wird ruhiger und gesetzter.«

Also, wenn Sie mich jetzt irgendwo treffen und sehen, wie ich zucke und hüpfe und fingertrommle und zungenschnalze und Kaugummi kaue und Augen rolle und hibbele und wibbele – denken Sie sich nichts dabei.

Ich bin nicht verrückt.

Ich bin nur jung genug, um einen Teil meiner Energie wieder in so kleine Bewegungen umzuwandeln.

Damit ich mir ab und an – so einmal im Jahr, an Weihnachten vielleicht oder am Ostermontag – eventuell ein klitzekleines Stückchen Schokolade gönnen kann.

Denn auch wenn ich nur 0,7 Kilo pro Jahr zunehme – was ja eher unten angesetzt ist, wenn ich ehrlich bin –, summiert sich das in fünfzig Jahren doch ziemlich. Ich habe es überschlagen, aber ich will Ihnen hier die Rechnung lieber nicht präsentieren. Ich will diese Zahl einfach wieder vergessen – für immer.

Aber was ich eigentlich noch viel mehr vergessen will – und zwar für den Rest meines Lebens –, ist das ganze Thema Gewicht. Ich finde nämlich, Sie und ich sind doch wirklich inzwischen alt genug, um uns davon nicht mehr terrorisieren zu lassen. Das haben wir ja schließlich schon fast seit unserer Geburt gemacht. Wann, wenn nicht jetzt, ist es endlich an der Zeit, damit aufzuhören? Für uns und für alle anderen Frauen, egal in welchem Alter. Wir wollen uns doch nicht den Rest unseres Lebens mit Diäten und blöden Gedanken an unser Gewicht erschweren. Also nicht weg mit den Pfunden, sondern weg mit dem Thema. Das würde dann übrigens ganz eindeutig auf der Plusseite des Lebens stehen.

Virales Älterwerden

Also, ehrlich gesagt, es fühlt sich langsam so an, als würde ich mit Corona alt werden. Oder durch Corona alt werden. In jedem Fall geht das jetzt schon seit mehr als zwei Jahren, und in schlimmen Albträumen denke ich, das mit diesem blöden Virus geht jetzt einfach bis zu meinem Lebensende so weiter.

Tag für Tag. Jahr für Jahr. Kein Ende in Sicht.

Masken auf, Masken runter. Ein kleiner Schnelltest hier und da, der gefühlt jedes Mal direkt in meinen Gehirnwindungen abgestrichen wird, zwischendurch ein kleiner PCR-Test und hoffen, dass wir alle nicht wieder im totalen Lockdown landen.

Manchmal ist es sogar so, dass ich mich an die Zeit vor Corona gar nicht mehr erinnern kann, und ich möchte der Hauptfigur in dem Rosamunde-Pilcher-Film von 2018, den ich beim Bügeln gerade ansehe, zurufen: Maske auf! Abstand halten! Hier wird nicht geküsst! Sind Sie wahnsinnig? Sie übertragen gerade Millionen Viren!

Ich hätte ja nicht gedacht, dass ich auch mal was zum Thema Corona schreibe. Ich kann schon das Wort nicht mehr hören. Damit geht es mir wahrscheinlich wie 99,9 Prozent der Weltbevölkerung. Karl Lauterbach ist davon ausdrücklich ausgenommen.

Außerdem schreiben ja permanent alle anderen davon, und wenn dieses Buch erscheint, ist der Scheiß hoffentlich endlich mal vorbei. Daumen drücken.

Wahrscheinlich ist dann aber irgendein anderer Scheiß am Start – also so viel Lebenserfahrung haben wir ja mittlerweile doch. Scheiß geht irgendwie auf dieser Welt nie aus. Das Universum ist eben unendlich und kann daher auch unendlich viel Scheiß produzieren. Also, das ist jetzt meine Erklärung für diesen Wahnsinn, ich bin aber jederzeit für andere Erklärungsmodelle offen.

Corona geht mir und so ziemlich allen anderen jedenfalls ziemlich auf die Nerven.

Aber irgendwann in den letzten zwei Jahren machte es bei mir klick, und eine völlig neue Erkenntnis ploppte auf: Corona macht nämlich das Älterwerden um einiges leichter.

Allerdings gilt das nicht mehr, wenn Sie bereits etwas älter als älter sind. Also wenn Sie über achtzig sind und damit automatisch zu einer Hochrisikogruppe gehören, macht Corona das Älterwerden doch eindeutig etwas schwerer.

Und für Jugendliche und Kinder ist Corona wirklich saublöd bis ziemlich furchtbar. Kann ich total verstehen und tut mir auch echt leid.

Aber für diejenigen von uns, die gerade mal in den besten Jahren sind: alles easy, alles bestens, alles einfacher.

Ja. Das ist so.

Auch wenn Sie jetzt den Kopf schütteln und denken, was erzählt die da für einen Scheiß.

Ich will das jetzt mal mit den folgenden Punkten erklären:

1. Homeoffice
Nicht alle sind im Homeoffice, ich weiß, aber einige teilen jetzt mein Schicksal. Ich selbst bin ja an Homeoffice schon seit ewi-

gen Zeiten gewöhnt, aber Meetings hatte ich früher immer live. Das war damals eine willkommene Abwechslung und die Gelegenheit, sich endlich mal wieder aus der Jogginghose zu schälen. Mehr als 25 Prozent der arbeitenden Bevölkerung können solche Gedanken mittlerweile sicher nachvollziehen. Aber jetzt finden ja auch keine Meetings mehr statt. Also zumindest nicht mehr live. Alles spielt sich jetzt zu Hause ab, und Meetings gibt es nur noch virtuell. Also im Grunde genommen muss ich nie mehr aus der Jogginghose raus. Ich könnte auch wahlweise den Rest meines beruflichen Lebens im Pyjama verbringen. Zumindest untenrum. Was obenrum betrifft, habe ich leider immer wieder Zoom oder Teams Meetings, und da kommt es nicht so professionell, wenn ich das Pyjamaoberteil mit den kleinen Häschen drauf trage, das ich so gerne mag.

Aber ich gehe jede Wette ein, dass ungefähr die Hälfte aller Leute, die in Zoom oder sonstigen Online-Meetings sitzen, es untenrum etwas lockerer angehen lassen.

Sieht ja keiner.

Und das ist schon wundervoll, wenn man noch jung ist, aber wenn man etwas älter ist, ist das ja noch viel wundervoller.

Das Blöde am Älterwerden als Frau ist ja, dass man irgendwann seine Taille verliert wie andere ihren Stock oder Hut. Gestern war sie noch da, und heute will ich die Hose zumachen, und meine Taille ist weg.

Verschwunden auf Nimmerwiedersehen.

Keine Ahnung, wo sie hin ist. Als Trost hat sie mir einen kleinen eingebauten Schwimmring dagelassen. Damit ich nicht allein bin und in Selbstmitleid ertrinke wahrscheinlich. Denn das würde ich sehr gerne, in Selbstmitleid ertrinken. Wer würde das nicht wollen, wenn der Knopf nicht mehr zugeht und die Taille sich verabschiedet hat?

Ich habe ja ein paar Monate lang gehofft, dass sie wieder zu mir zurückkommt, diese blöde Taille, wenn ich sie mit dem Bauchmuskeltraining, das ich auf YouTube gefunden habe, anlocke. Aber hat nichts gebracht. Sie blieb einfach verschwunden. Egal, ob ich zehn Minuten »Flacher Bauch und Sixpack mit drei Übungen in fünf Minuten« oder »Total abnehmen Workout« oder das »Schmale Taille Workout für Anfänger« fünfmal am Tag ganz intensiv angeschaut habe. Meine Taille wollte einfach nicht zurückkommen. Vielleicht war es auch das falsche Programm. Vielleicht mag so eine Taille lieber Netflix oder Amazon Prime Video. Aber irgendwie habe ich den leisen Verdacht, diese beiden Sender vertreiben sie eher noch mehr.

Also, Taille ist weg, und Hosen sind noch da, und Knopf geht nicht mehr zu.

Das bringt einen natürlich normalerweise in die Bredouille.

Ständig neue Hosen kaufen zu müssen, ist nervig und kann ganz schön ins Geld gehen.

Aber hey! Wir haben ja jetzt Corona! Wer braucht schon Hosen? Wer braucht schon eine Taille?

Und wenn man den Bildschirm so ein wenig schräg hindreht, dann sieht einen das Gegenüber praktisch nur bis zur Hälfte des Busens, und niemand sieht eine Taille, die es sowieso nicht mehr gibt.

Ist das nicht großartig? Corona sei Dank!

2. Ausgangssperre

Hier in Bayern hatten wir ja manchmal etwas mehr von Corona als anderswo in Deutschland. Das führte dazu, dass wir eine Zeit lang das Haus nach 21.00 Uhr nicht mehr verlassen durften. Außer man hatte einen Hund oder einen triftigen Grund. Ich hatte leider beides gerade nicht zur Hand. Also saß ich abends ab neun auf dem Sofa, manchmal mit dem Mann an meiner Seite und manchmal ohne. Und ich saß da endlich mal völlig ohne schlechtes Gewissen oder ohne das, was meine Tochter und ihre Generation als »Fear of missing out« bezeichnen. Also diese grauenvolle Angst, ganz furchtbar was zu verpassen. Womöglich sein eigenes Leben. Ich jedoch war plötzlich völlig angstfrei und verpasste einfach gar nichts. Meine Tochter allerdings verpasste so ziemlich alles während dieser Zeit und hatte eine dementsprechende Laune, wenn sie auch mal neben mir auf dem Sofa saß.

Also, wenn mir mal jemand gesagt hätte, dass ich im etwas fortgeschrittenen Alter noch mal wie früher in meiner Teeniezeit eine Ausgangssperre aufgebrummt bekomme, ich hätte ihn für verrückt erklärt.

Aber jetzt? Ach.

Man gewöhnt sich ja an alles.

Und mal ehrlich: Ich bin in einem Alter, in dem ich ab 22.00 Uhr – egal, auf welcher Veranstaltung ich mich gerade befinde – anfange, von einem Bett zu halluzinieren. Ab 23:00 Uhr überlege ich mir die ersten Ausreden (Kerzen brennen lassen, spontaner Herzinfarkt), um früher nach Hause gehen zu können. Und nach Mitternacht … also ich kann mich jetzt blöderweise gar nicht mehr so genau erinnern, wann ich das letzte Mal nach Mitternacht außer Haus war.

Ich gebe zu, dass ich mir dadurch normalerweise etwas alt vorkomme. Es gab schließlich Zeiten in meinem Leben, da bin ich um 22.00 Uhr überhaupt erst aus dem Haus gegangen, um dann die Nacht durchzumachen. Eine Vorstellung, die mir mittlerweile Angstschweiß auf die Stirn treibt.

Also diese Zeiten sind irgendwie vorbei. Und jetzt ist Corona und damit Ausgangssperre ab 21.00 Uhr! Hey, für uns mitten im Leben Stehende ist das doch echt kein Problem! Das sitzen wir locker aus, oder?

3. Maske tragen

Bevor das mit Corona losging, entdeckte ich eines Morgens ganz zufällig an meinem rechten Mundwinkel eine neue Falte. Ein Fältchen, um es genau zu nehmen, nur zu sehen im Vergrößerungsspiegel. Nichts Bedeutendes also, aber irgendwie so wie ein kleines Komma an meinem Mund, das eindeutig nach unten zeigte. Nach unten ist ab einem gewissen Alter nicht gut, gar nicht gut.

Ich raste in die nächste Parfümerie und kaufte die teuerste Antifaltencreme der Welt in der Hoffnung, aus dem Komma wieder einen Punkt zu machen.

Vergeblich.

In einem gewissen Alter muss man invasiver denken, dachte ich und dachte über eine Hyaluroninjektion nach.

Und dann kam Corona!

Und mit Corona kamen die Masken. Also erst mal die selbst genähten, dann die blauen und dann die vogelschnabelmäßigen. Am Anfang habe ich noch etwas auf Stil und Würde geachtet bei den Selbstgenähten. Die mussten bei mir – und bei einigen anderen Damen – immer aufs Outfit abgestimmt werden, aber spätestens mit Einführung der medizinischen Masken war dann Schluss mit dieser Eitelkeit.

Ach, Eitelkeit!

Meine Falte war übrigens verschwunden.

Einfach weg. Völlig ohne Injektion.

Einfach verdeckt. Nicht mehr zu sehen. Wie von Zauberhand. Ist das nicht wunderbar? Man wirkt ja auch gleich viel jünger mit so einem Teil, das die Hälfte des Gesichts verdeckt. Also, man wirkt geradezu halb so alt, würde ich mal sagen.

Alles nur dank Corona! Endlich!

Älter werden ist damit echt kein Problem mehr.

Die Hälfte der Falten verschwinden einfach so.

Also, Sie sehen: für minimal ältere Menschen wie Sie und mich ist Corona auch ein Segen.

Man muss einfach nur im Negativen das Positive erkennen. Dann lebt es sich echt leichter.

Das habe ich mir jetzt ungefähr zwei Wochen lang eingeredet, und dann habe ich leider einen Schreikrampf bekommen, der dazu führte, dass die Nachbarn an die Wand klopften.

Aaaaarggggghhhhhhhh!!!!!!!

Kann dieser Virus-Scheiß nicht endlich mal aufhören? Ich bin ja noch nicht tot, und ich habe mir geschworen, ich hole die letzten beiden Jahre nach, wenn Corona endlich vorbei ist.

Und dann geh ich mit dem Mann an meiner Seite in der neuen knallengen Hose, die ich nicht online bestellt habe, um 22.23 Uhr aus dem Haus auf die nächste Ü-sonst-was-Party und trage außer meinem Make-up nichts im Gesicht, tanze die ganze Nacht durch und umarme allen und jeden und jedes.

Prêt-à-o-weh

Also, ich bin eine Frau und muss leider zugeben, ich habe wie die meisten Frauen Kleidungsstücke im Schrank, die ich mir vor zwanzig Jahren gekauft habe in der Hoffnung, da irgendwann mal reinzupassen.

Was soll ich sagen?

Die Hoffnung ist immer noch da.

Die Teile sind es auch.

Die Kilos dito.

Man sagt ja, die Hoffnung stirbt zuletzt.

Also stirbt sie nach mir.

Ich habe beschlossen: So lange bleiben die Dinger einfach hängen.

Alle Hosen, Kleider, Röcke und sonstigen Kleidungsstücke.

Man weiß ja nie.

Die Sache mit Frauen und Mode ist ein ewiges Thema. Und irgendwie hat man als Frau immer den Kleiderschrank voll und immer das Gefühl, nichts anzuziehen zu haben.

Älter werden ändert daran gar nichts.

Älter werden bedeutet nur, dass noch mehr Klamotten im Kleiderschrank hängen, von denen man hofft, sie doch irgendwann eines Tages anzuziehen.

Oder irgendwann reinzupassen.

Oder irgendwann wieder reinzupassen.

Dieses Irgendwann wird allerdings von Jahr zu Jahr unwahrscheinlicher.

Die Figur verändert sich mit der Zeit in ganz erstaunliche Richtungen.

Der Po verschwindet irgendwie, dafür kommt der Bauch immer besser zur Geltung.

Die Hose, die seit zehn Jahren in meinem Schrank hängt, passt jetzt zwar am Po, dafür krieg ich den Reißverschluss nicht mehr zu.

Wahrscheinlich nie mehr.

Deshalb hänge ich sie jetzt wieder zurück in den Schrank.

Man weiß ja nie. Habe ich das schon erwähnt?

Vielleicht bekomme ich mit fünfundfünfzig endlich die Figur, die ich mit fünfundzwanzig nie hatte.

Jedenfalls ist das minimal Älterwerden, was Kleidung betrifft, auch nicht immer einfach.

Man passt nicht mehr so gut rein, und selbst wenn man reinpasst, sieht es irgendwie vollkommen anders aus als früher.

Es gab da mal eine amerikanische Jeansmarke, die hatte den schönen Namen: »Not Your Daughter's Jeans.« Also »nicht die Jeans deiner Tochter«.

Was bitte haben sich die Macher dieser Marke gedacht? Dass irgendeine Frau nach neun Monaten Schwangerschaft irgendwann später noch in die Jeans ihrer Tochter passt? Wir Mütter können froh sein, dass wir überhaupt noch in Jeans reinpassen.

Und wir passen da noch rein, weil diese Teile Gott sei Dank mittlerweile anders als in meiner Jugend mehr aus Elastan als aus Jeansstoff bestehen.

Aber dass ich rübergehe und den Kleiderschrank meiner Tochter durchforste und mir schnell mal ein paar Jeans von ihr ausleihe?

Welcher Marketing-Mann ist auf so einen Unsinn gekommen? Es war sicher keine Frau, und wenn doch, dann war sie bestimmt unter fünfundzwanzig.

Ich kann die Dinger meiner Tochter gerade mal über meine großen Zehen ziehen, das war's dann auch schon.

Und meine Tochter würde mich sowieso umbringen, wenn ich irgendwas von ihren Klamotten anziehen würde.

Sie selbst allerdings plündert gern mal in meinem Kleiderschrank. Aber eher so Taschen, Schals und Ähnliches. In den Kleidungsstücken würde sie ertrinken, oder sie findet sie so omamäßig, dass sie die Sachen sowieso auf keinen Fall anziehen würde.

Ich hoffe auf meine Enkelkinder, die wissen dann meinen Style hoffentlich wieder mehr zu schätzen.

Es kommt ja alles irgendwie wieder, wenn auch anders als gedacht. Also so viel Lebenserfahrung muss einfach sein. Ich bewahre ja sowieso alles auf – man weiß schließlich nie, vielleicht passen ja meine Enkel irgendwann mal wieder rein.

Neulich bin ich in der Münchner Innenstadt in eine Gruppe von Rentnern reingeraten und habe fast nicht mehr rausgefunden.

Das war irgendein Busausflug oder eine Kaffeefahrt aus Wanne-Eickel, die sich gerade das Glockenspiel am Münchner Rathaus anschauen wollten und von einer Gruppenführerin mit einem rot gepunkteten Schirm angeführt wurden. Diese Reisegruppenführerin war die einzig Junge und die einzig Bunte in dieser Schar.

Der Rest trug Beige. Dunkelbeige. Sandbeige. Eierschalenbeige. Camelbeige. Warmbeige. Beigebeige.

Ich stand mitten in dieser Gruppe, und mir wurde schwindlig vor lauter Beige.

Die Erde drehte sich, und ich hatte Angst, sie würde sich unter mir auftun und mich verschlucken wie eine riesige Wanderdüne in Beige.

War das ein Blick in meine Zukunft? In unser aller Zukunft?

Ist Beige wirklich die Farbe des Alters?

Ich fragte mich: Gibt es einen Ausweg, ein Entkommen?

Mir war schwindelig, und ich stand noch lange da, nachdem sich die Gruppe wohlgelaunt schnatternd in Richtung Viktualienmarkt verzogen hatte.

Dann ging ich weiter durch die Innenstadt shoppen und traf vor H&M auf eine Werbung für eine Kooperation mit Iris Apfel.

Knallbunte, pinke, lila, orange und giftgrüne Accessoires und Kleidungsstücke sprangen mich aus dem Schaufenster heraus an.

Und mittendrin ein Foto von Iris Apfel. In einem türkis schillernden Hosenanzug mit einem Muster aus aufgeplatzten grünen Erbsenschoten, wobei die Erbsen selbst wiederum die Farbe von Perlen hatten.

Es sah großartig aus. Sie sah großartig aus.

Jetzt muss man wissen: Iris Apfel ist hundert Jahre alt und schillert wie ein Paradiesvogel.

Sie ist das Gegenteil von Beige und kennt diese Farbe vermutlich nur vom Hörensagen. Und mit ihren schlappen hundert hat die Frau mal einfach so eine Kooperation mit H&M gemacht. Außerdem ist sie Geschäftsfrau und Modeikone.

Und ungefähr doppelt so alt wie ich.

Und dann hat sie auch noch ein Buch geschrieben mit dem treffenden Titel *Stil ist keine Frage des Alters*.

Also bitte.

Wenn das uns minimal ältere Frauen nicht inspiriert, weiß ich auch nicht.

Ich blieb völlig fasziniert vor dem Schaufenster stehen.

Da geht also noch was jenseits von Beige.

Man muss nur mutig sein.

Und ich war mutig.

Ich ging rein in den Laden und kaufte mir spontan den türkisfarbenen Hosenanzug mit dem grünen Erbsenschoten-Aufdruck.

Genau den, den Iris Apfel auf dem Foto im Schaufenster trug.

Nichts macht eine Frau jünger als ein cooles Kleidungsstück.

Nichts beweist mehr Stil und Zeitlosigkeit.

Als ich wieder zu Hause war und den Anzug meiner Tochter und dem Mann stolz vorführte, meinte meine Tochter mit gequältem Blick zu mir:»Bist du dafür nicht vielleicht ein klein wenig zu alt?« Und der Mann fragte sehr vorsichtig:»Gab's das nicht vielleicht auch in Beige?«

Ich seufzte, zog das Ding wieder aus und brachte es am nächsten Tag zurück.

Von Iris Apfel bin ich offensichtlich noch weit entfernt. Und das nicht nur altersmäßig.

Schlaflos im irgendwo

Ich gehöre ja zu den Leuten, die sich aufgrund ihres Alters noch sehr gut an *Schlaflos in Seattle* erinnern können – das ist ein hübscher Film mit Meg Ryan, der damals super erfolgreich war. Und Meg Ryan war damals super süß.

Ach, damals.

Damals waren die beiden Hauptdarsteller schlaflos, weil sie total verliebt waren. Ach nein, ich glaube, Tom Hanks war aus anderen Gründen schlaflos, die habe ich aber vergessen.

Seit ich minimal älter bin und deshalb maximal weniger schlafe, vergesse ich leider ziemlich viel.

Forscher haben herausgefunden, dass zu wenig Schlaf ungefähr so wirkt, als ob man betrunken sei – ganz ohne Alkohol. Also ich finde den Effekt von einem guten Rotwein deutlich besser.

Aber Alkohol hilft leider, wenn überhaupt, nur beim Einschlafen – beim Durchschlafen dagegen ist Alkohol der größte Feind.

Und das Älterwerden – das ist der Feind beim Einschlafen, beim Durchschlafen, beim Schlafen überhaupt.

Dabei brauchen wir minimal älteren Frauen doch unseren Schönheitsschlaf nun wirklich dringend.

Im Schlaf regeneriert sich angeblich alles, was sich irgendwie noch regenerieren kann, und darauf will ich jetzt nun wirklich in meinem Alter nicht verzichten, das kann man ja wohl verstehen.

Aber irgendwie verbringe ich – wie die meisten Frauen, die ich kenne – schon fast mein ganzes Leben mit zu wenig Schlaf.

Erst ist man schlaflos, weil man so jung ist, dass man sich freiwillig die Nächte um die Ohren haut.

Okay – das kann man in dem Alter tagsüber oder in der nächsten Nacht wieder nachholen oder einfach aushalten. Mit zwanzig zwei Stunden Schlaf in der Nacht ist eher wie ein Adrenalinkick für den nächsten Tag. Mit über vierzig nur zwei Stunden Schlaf in der Nacht ist eher wie Waterboarding den ganzen nächsten Tag.

Danach, also so zwischen zwanzig und dreißig, ist man schlaflos, weil man irgendwann verliebt ist und Hormone verrücktspielen; und wenn die Hormone lange genug verrücktspielen und die Beziehung lange genug hält, ist man irgendwann schlaflos, weil neben einem ein Baby weint. Oder weil man selbst vor Schlaflosigkeit neben einem Baby weint.

Babys und Kleinkinder sind für uns Frauen die Schlafkiller Nummer eins.

Sollte man kein Baby oder Kleinkind haben, reicht auch ein schnarchender Mann (Schlafkiller Nummer zwei), um einer Frau den letzten Nerv und die letzte anständige REM-Phase zu rauben.

Oder man hat als Frau einen Job, der einen nachts wach hält, und dafür muss man noch nicht mal im Schichtdienst arbeiten. Ein normaler Bürojob schafft das auch ab und zu ganz hervorragend (Schlafkiller Nummer drei).

Kaum sind die Kinder dann größer und man hat als Frau mal für ein Weilchen ein Auge zugedrückt, kommen die lieben Kleinen in die Pubertät, und man schläft wieder nicht, weil man sie mitten in der Nacht zweihundertdreiundfünfzig Kilometer entfernt von irgendeiner Party abholen muss.

Und sind dann die lieben Kleinen schließlich aus dem Haus und man hat sich mit dem schnarchenden Mann auf ewige Liebe und getrennte Schlafzimmer geeinigt, kommen die Wechseljahre daher, und die sind wiederum der Meinung, ab 5.30 Uhr wird überhaupt nicht mehr geschlafen.

Wenn man morgens um 4.23 Uhr wach wird und das Gefühl hat, man liegt nicht mehr im Bett, sondern plötzlich in der Badewanne, weil alles durchgeschwitzt ist, ist man definitiv in den Wechseljahren angekommen.

Neulich war ich mal wieder auf einem Mädelsabend.

Das Schöne ist, so einen Mädelsabend kann man in jedem Alter machen, auch wenn man schon länger kein Mädel mehr ist, denn die Themen sind immer die gleichen – in jedem Alter: Männer, Männer, Männer und Job, Urlaub, Kinder, Haushalt, Klamotten, Politik, die Weltlage und der ganze andere Wahnsinn des Lebens.

Eine Freundin, die an besagtem Abend neben mir saß, erzählte von den Schlafproblemen, die sie seit ein paar Wochen quälten. Sie würde blöderweise in letzter Zeit morgens so um 5.00 Uhr wach werden, sei vollkommen nass geschwitzt und könne nicht mehr einschlafen.

Sie ist ja jetzt auch minimal älter – wenn auch jünger als ich – und war daher mit diesen seltsamen Symptomen bei ihrem Frauenarzt, um das Thema Wechseljahre zu besprechen. Der Arzt blickte sie an, beruhigte sie und meinte, sie sei noch lange von den Wechseljahren entfernt, sie könne quasi noch Zwillinge bekommen.

Als meine Freundin diese Geschichte erzählte, fiel eine Bekannte, die schräg gegenüber von uns am Tisch saß und auch minimalst älter ist, vor Lachen fast vom Stuhl. Und auch ich musste mich heimlich in den Arm zwicken, um nicht loszuprusten.

Ganz gemein. Ich weiß.

Aber der Frauenarzt ist ein Idiot und wie sich herausstellte, selbst eigentlich schon länger in Rente – theoretisch zumindest. Praktisch hat er keine Ahnung von den Wechseljahren – er ist ja auch ein Mann. Natürlich ist das der Anfang.  Egal, was der Gynäkologe sagt: Der Körper meiner Freundin sagt was anderes. Der sagt: Schluss mit lustig und mit schlafen. Zumindest, bis sich die Hormone wieder etwas beruhigt haben.

Ich habe dann doch noch versucht, meine Freundin ein wenig mit dem Hinweis zu trösten, dass, wenn sie jetzt mit Zwillingen schwanger wäre, sich das mit dem Schlafen für die nächsten Jahre auch erledigt hätte. Das hat meiner Freundin mehr als eingeleuchtet – sie hat schon drei Kinder im Abstand von je drei Jahren.

Aber das mit den Wechseljahren ist übrigens im Leben einer Frau leider noch nicht das Ende der Schlaflosigkeit.

Schon mal was von seniler Bettflucht gehört?

Gut, das mit der senilen Bettflucht betrifft auch die Männer, und bis dahin dauert es wohl hoffentlich noch ein ziemlich langes Weilchen bei Ihnen und bei mir, aber ich finde, man sollte unbedingt vorbereitet sein.

Ich habe das jetzt mal recherchiert und bin auf einen Artikel gestoßen, der mir zu denken gegeben hat. Ein Mittagsschläfchen soll den Schlafmangel, der durch die senile Bettflucht im hohen Alter verursacht wird, nämlich einfach wieder ausgleichen.

Was? Mittagsschläfchen? Ha! Ich habe das letzte Mal ein Mittagsschläfchen gehalten, als ich ein Baby war.

Ich bin eine Frau!

Ich habe keine Zeit für einen Mittagsschlaf.

Muss ich jetzt erwähnen, dass so einen Artikel auch nur ein Mann schreiben kann?

Gute Nacht.

Sex und Zombies

Also früher, ganz viel früher, als ich noch minimal jünger war, habe ich gedacht, dass Menschen über vierzig eigentlich Zombies sind und, wenn überhaupt, nur noch auf dieser Welt existieren, um zu dienen und zu arbeiten.

Und ganz selbstverständlich bin ich davon ausgegangen, dass Menschen über vierzig kein Leben mehr neben der Arbeit und dem Fernseher haben. Und schon gar kein Sexualleben.

Aber jetzt bin ich selbst irgendwie älter als vierzig und bin meistens davon überzeugt, kein Zombie zu sein.

Und ich habe ein Leben außerhalb der Arbeit – in jeder Hinsicht.

Ich meine, Zombies sind ja diese Untoten aus diesen gruseligen Filmen. Solche Filme schaue ich mir grundsätzlich nicht an, dafür bin ich viel zu sensibel.

Einmal habe ich bei einem befreundeten Paar, das sich unbedingt einen solchen Film anschauen wollte, mit dem Mann an meiner Seite so was gesehen. Also, ich habe den Film nicht wirklich angeschaut, ich habe mir die Hände vor die Augen gehalten und mir auf der Gästetoilette heimlich feuchtes Toilettenpapier in die Ohren stopft, um diese grässlichen Geräusche wie aaarrgg … ähhhhhhrrrrgggg… würrrrrrgg … chhhrrrgghhhh nicht hören zu müssen. Ich habe von den Zombies also nicht wirklich was mitbekommen (außer einer kleinen Ohrenentzündung wegen des feuchten Toilettenpapiers), aber ich bin über Zombies zumindest so weit informiert, dass ich weiß, sie sind untot, und ihnen tut nichts und überhaupt nichts niemals mehr weh. Also da werden denen Körperteile durchbohrt, Gliedmaßen verdreht und Köpfe fast abgeschlagen, und die heulen aber nicht rum, zucken noch nicht mal, sondern sind weiter hinter dir her und machen weiter mit aaarrgg ... ähhhhhhrrrrgggg ... würrrrrrgg ... chhhrrrgghhhh.

Das ist bei mir im leicht fortgeschrittenen Alter durchaus vollkommen anders, und damit bin ich der lebende Beweis, das ich kein Zombie bin.

Ich meine, ich mache öfter auch mal aaarrgg ... ähhhhhhrrrrgggg ... würrrrrrgg ... chhhrrrgghhhh – aber das nur, weil mir irgendwas Neues irgendwie irgendwo wehtut, aber ich bin sehr weit davon entfernt, schmerzbefreit mit meinem kaputten Knie hinter jemandem herzurennen.

Also, früher war ich, wie schon erwähnt, auch davon überzeugt, dass Menschen über vierzig keinen Sex mehr haben. Ich schätze mal, in meiner Jugend könnte das auch wirklich so gewesen sein.

Hatten in den Fünfzigerjahren Menschen über fünfzig Sex? Dazu gibt es leider keinerlei Unterlagen, und auch die Ethnologen streiten sich darüber.

Also nicht, dass Sie jetzt denken, ich würde die Fünfzigerjahre aus eigenem Erleben kennen. Sooo alt bin ich jetzt nun auch nicht. Das war nur so ein Beispiel.

Und heutzutage ist sowieso alles anders und besser, und natürlich haben Menschen über vierzig Sex. Sogar ganz wunderbaren – sofern sie sich nicht gerade in Scheidung oder in einer allzu lange während Ehe befinden. Oder Single sind oder im Kloster leben oder ....

Also, man kann auch als Ü 40 noch ganz wunderbaren Sex haben. Doch, doch.

Allerdings mit gewissen Einschränkungen, das muss jetzt leider doch einmal gesagt werden.

Machen Sie doch mal mit zweiundfünfzig und mit akutem Rücken die Antilopenstellung.

Das geht nicht.

Geht einfach nicht.

Geht gar nicht.

Außer, Sie wollen direkt danach mit Liegendtransport für ein paar Wochen in die nächste Rücken-Reha einchecken.

Das Sexleben auch von nur minimal Älteren ist leider deutlich eingeschränkt – da kann man mir im Internet erzählen, was man will. Aber man soll ja sowieso nicht alles glauben, was man da so liest.

Nicht nur, dass man gewisse körperliche Einschränkungen mittlerweile sein Eigen nennt, auch das Schnarchen nimmt beispielsweise mit steigendem Alter deutlich zu. Und Schnarchen ist ziemlich unerotisch, wenn ich ehrlich bin. Wer will sich schon des Nachts an jemanden ranmachen, der röchelt, als bräuchte er oder sie einen Luftröhrenschnitt?

Neulich wurde ich mitten in der Nacht von wirklich grauenvollem Schnarchen wach. Ich wollte dem Mann an meiner Seite schon sanft ein Kissen ins Gesicht drücken oder ihm wahlweise unsanft in die Rippen treten, als mir klar wurde: Ich lag vollkommen alleine im Bett.

Ich bin von meinem eigenen Schnarchen wach geworden. Die bittere Wahrheit ist: Auch bei Frauen lässt mit steigendem Alter der Muskeltonus nach – und führt durchaus zu vermehrtem Schnar-

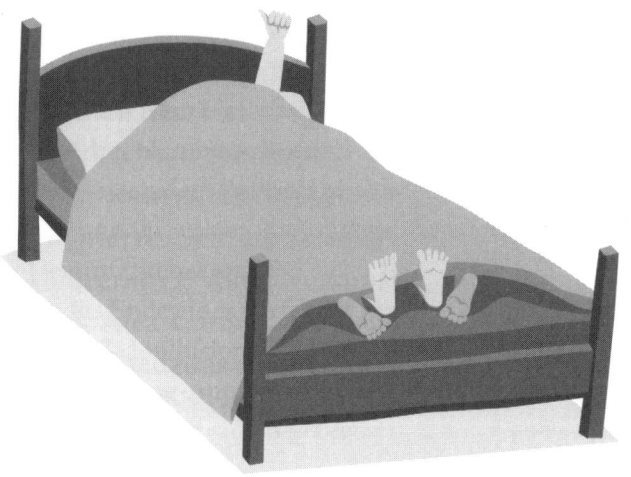

chen. Außerdem haben wir Frauen dann in der Menopause ein
verstärktes Risiko für Schlafapnoe, denn die Hormone Östrogen
und Progesteron werden weniger, was unter anderem den schwä-
cheren Muskeltonus verursacht.

Das ist nicht sexfördernd. Ganz und gar nicht.

Ich sag's ja.

Egal, ob man allein oder zu zweit im Bett liegt oder zu mehre-
ren. Schnarchen ist nie gut.

Und dann das Thema Reizwäsche.

Reizwäsche sieht reizend aus an jungen Mädels.

Keine Angst, ich meine ja nicht wirklich Reizwäsche, sondern
einfach schöne Unterwäsche aus einem Hauch von Seide mit Spitze
und etwas Nichts drum herum und mittendrin. Also richtig schöne
und leider auch meist sauteure Unterwäsche.

Das ist echt etwas Schönes und hebt das weibliche Selbstwertgefühl ungemein – und den Busen nebenbei auch.

Oder aber es vernichtet es geradezu.

Also das Selbstwertgefühl.

Der Busen überlebt das meistens ganz gut.

Neulich habe ich in so einem schönen Wäschegeschäft versucht, mir einen neuen BH mit passendem Slip zu gönnen. Ein Hauch aus Nichts mit Spitze drum herum war himmelblau, und allein der Preis trieb mir schon vor dem Anprobieren Tränen in die Augen. Die Quadratzentimeter waren teurer als eine Münchner Immobilie – und das will was heißen.

Das Set sah sensationell aus. Am Bügel.

Es sah grauenvoll aus. An mir in der Umkleidekabine.

Und das lag leider nicht an der Beleuchtung.

Der Laden war so teuer, die wussten genau, dass man Frauen in Umkleidekabinen nur mit extrem gedämmtem Schummerlicht ruhig und kaufwillig stellen kann.

Ich trug den BH, das Licht schummerte, aber es quollen Dinge, die nicht quellen sollten, es hingen andere Dinge, die nicht hängen sollten, und insgesamt sah es total nach Verzweiflung aus.

Ich war schneller aus dem BH raus, als ich reingekommen war, und verließ fluchtartig den Laden.

Die nächsten zehn Minuten war ich am Boden zerstört.

Aber dann fiel mir ein, dass man für Sex ja nicht unbedingt Unterwäsche braucht. Ganz im Gegenteil. Ohne Kleidung ist das doch viel sinnvoller. Mit diesem tröstenden Gedanken ging ich dann nach Hause.

Wer braucht schon Unterwäsche?

Sex ohne Unterwäsche geht sehr gut.

Finde ich zumindest.

Also wenn man sich verabschiedet von falschen Vorstellungen wie flachen Bäuchen, dellenlosen Oberschenkeln, trizepsbewehrten Oberarmen und überteuerten BHs aus einem himmelblauen Seidenhauch und der Realität nicht ins Auge blickt, sondern einfach beide Augen zumacht, dann ist das alles gar kein Problem.

Weder das Leben noch der Rest.

Sofern man nicht diese Antilopenstellung ausprobiert.

Oder die Helikopterstellung.

Oder die Stellung 77.

Lassen Sie das.

Dafür sind Sie wirklich zu alt.

Ich habe Sie gewarnt.

So jung, wie sie sich fühlt

Nicht jeder Frau ist es in diesem Leben ja gegeben, so souverän und lässig mit dem etwas älter Werden umzugehen wie ich selbst. Ich bin da ein Vorbild im Ignorieren von Fältchen, grauen Haaren und dämlichen Bemerkungen. Außerdem weiß ich schon seit meinem fünften Lebensjahr, dass es nur die inneren Werte sind, die zählen, und die ändern sich ja schließlich mit dem Alter nicht, und wenn doch, dann ganz sicherlich nur zum Positiven hin.

Also, ich will mal sagen, wenn jemand mich leicht älter schätzt, als ich wirklich bin, lockt mir das nur ein müdes Lächeln hervor.

Es kann allerdings sein, dass ich diese Person danach nie wieder sehen will und fortan meide wie die Pest, wie neulich Annelie, eine Frau aus dem Yogakurs. Aber das liegt sicher nur daran, dass Annelie einfach überhaupt immer und überall zu viel redet und das selbst während ich versuche, mich auf den »Herabschauenden Hund« zu konzentrieren. Es liegt wirklich absolut und überhaupt gar nicht daran, dass sie mich in der Umkleide für xx Jahre alt gehalten hat.

Ganz sicher nicht.

Denn ich gehe – wie schon gesagt – sehr locker mit dem Älterwerden um, aber – wie auch schon gesagt – das kann ja leider nicht jede Frau.

Neulich habe ich übrigens eine Geschichte über die Freundin einer Freundin gehört, die mich wirklich ziemlich fassungslos gemacht hat.

Also die Freundin der Freundin heißt Merle – ein schöner Name –, und Merle ist im selben Alter wie meine Freundin und ich, also etwas älter. Und das ist ja normalerweise nicht der Rede wert. Leider ist Merle vor zwei Jahren von ihrem Mann verlassen worden. Ganz schnöde und übel und das auch noch ganz klassisch wegen einer deutlich jüngeren Frau. Das gehört meiner Meinung nach eindeutig mit »lebenslänglich« bestraft. Also lebenslänglich heißt dabei, dass der Mann bis zum Ende seiner Tage mit der neueren, jüngeren Frau zusammenbleiben muss, egal was passiert und egal wie sehr sie ihn nervt oder er sie. Und sie nervt ihn wahrscheinlich irgendwann genauso wie die ältere.

Also das sollte man in unserem Alter zumindest schon gelernt haben.

Irgendwann nerven alle.

Aber ich konnte meinen Gesetzesentwurf dazu bisher noch nicht richtig einbringen, die Juristen drücken sich einfach furchtbar trocken aus, das liegt mir nicht so, aber ich arbeite dran.

Also Merle wurde schnöde verlassen, und der Rosenkrieg um die Kinder und den Labradoodle war episch. Merle ging zwar, was den Hund betraf, als Siegerin hervor, fühlte aber ansonsten eine Zeit lang wie ein gerupftes Huhn.

Nackt und sehr verletzlich.

Aber irgendwann geht auch so was vorbei. Auch das haben wir mittlerweile gelernt.

Alles geht irgendwann vorbei.

Und Merle ging, als sie sich wieder besser fühlte, regelmäßig mit dem Labradoodle spazieren, wagte sich wieder unter Leute und sogar auf Online-Dating-Plattformen, und so lernte sie eines Tages beim Spazierengehen im Englischen Garten den Besitzer eines Golden Retrievers kennen.

Einfach so. Das gibt es. Es ist zwar in diesem Alter eher ein Wunder, aber Wunder sind ja immer möglich.

Die Hunde spielten zusammen auf der großen Hundewiese mit Stöckchen, und irgendwann spielten auch Merle und der Besitzer des Golden Retrievers miteinander. Und als sie schon eine Zeit lang zusammen waren und es gerade mal sehr schön gewesen war, fragte der Golden Retriever über einem kühlen Glas Weißwein unvermittelt und völlig zusammenhangslos, wie alt Merle denn eigentlich sei.

Merle verschluckte sich fast am Wein, keuchte etwas, überlegte nicht lang und sagte spontan »zweiundvierzig«.

Der Golden Retriever war – das wusste Merle leider ganz genau, da sie heimlich des Nachts in seinen Personalausweis geschaut hatte – dreiundvierzig.

Nicht, dass Merle sonst gerne in fremden oder vertrauten Unterlagen rumschnüffelte, aber sie hatte schon einen leichten Verdacht

gehabt, dass der Golden Retriever noch etwas frühlingsfrischer als sie selbst sein könnte. Und bei begründetem Verdacht darf die Polizei ja sogar eine Wohnung stürmen, oder nicht? Da kann man doch auch mal schnell auf einen Personalausweis schauen, das ist ja kein Verbrechen an und für sich.

Also zweiundvierzig schien Merle jetzt sehr passend zu sein. Schließlich wusste sie aus leidvoller eigener Erfahrung ganz genau, dass Männer gerne mal auf jüngere Frauen stehen.

Der Golden Retriever nickte, das Thema war durch und der Rest des Abends gerettet und ganz wunderbar.

Leider plagten Merle danach leichte Gewissensbisse.

Also sie war zwar wirklich gut in Schuss, aber sie war auch ganz sicher keine zweiundvierzig. Sie hatte sich mit einem Schluck Weißwein mal eben zehn Jahre jünger gemacht.

Aber das konnte doch nicht wirklich ein Problem sein, oder?

Sie hatte ja nicht vor, noch mal zu heiraten und wollte auch nicht demnächst mit dem Golden Retriever die Hundehütte teilen. Und wenn sie zusammen in Urlaub fahren würden, könnte sie ihren Pass immer ganz schnell wieder einpacken. Oder im Notfall von den Hunden anknabbern lassen.

So eine kleine Schummelei kann doch nicht der Rede wert sein? Was sind schon zehn kleine Jährchen? Und dreißig ist sowieso das neue Vierzig, und es kommt ja überhaupt und sowieso auf die inneren Werte an, das wusste Merle schließlich schon seit ihrem fünften Lebensjahr.

Also alles easy, alles wunderbar, und so ging die Zeit dahin. Aber selbst, wenn die Zeit für jeden individuell verstreicht, bleibt so ein Altersunterschied leider blöderweise irgendwie immer unverändert bestehen. Also der eine wird nicht plötzlich jünger, und der andere wird nicht schneller älter. Zumindest nicht auf dem Papier.

Und die zehn Jahre Unterschied blieben zehn Jahre Unterschied.

Für immer und ewig.

Was man ja von einigen Beziehungen nicht behaupten kann.

Die beiden waren trotzdem ein gutes Paar, die Labradoodle-hündin von Merle bekam Welpen vom Golden Retriever, der andere, menschliche Golden Retriever erwähnte irgendwann auch einen vagen Kinderwunsch, und Merle erwähnte daraufhin etwas früh einsetzende Wechseljahre. Im Nachhinein erschien ihr das sowieso als ein guter Trick, um gewisse Dinge problemlos erklären zu können.

Das Glück der beiden wurde dadurch nicht getrübt.

Merle trank noch mehr Wasser, nie wieder Weißwein, machte noch mehr Yoga und schwor auf diese neue Hautärztin mit den speziellen Hyaluronspritzen. Sauteuer, aber offensichtlich jeden Cent wert.

Das ging lange sehr gut, bis zu einem geselligen Abend im Oktober. Merle und der Golden Retriever waren zum Essen bei Freunden des Golden Retrievers eingeladen. Merle brachte eine Nachspeise mit und ihr Freund einen leckeren Merlot. Die Runde war locker und lässig, die beiden Paare verstanden sich gut und unterhielten sich über Gott und die Welt und über Musik. Über Musikgeschmack lässt sich ja ganz wunderbar streiten, aber irgendwie fanden alle Rock und Pop wirklich toll, und der Golden Retriever fing an davon zu schwärmen, dass er Tina Turner 2000 live in London gesehen hatte. Eine unglaubliche Frau und für ihr Alter damals unglaublich gut in Schuss. Das befreundete Paar holte den Nachtisch von Merle aus dem Kühlschrank, und Merle fing an davon zu schwärmen, dass sie einmal Bruce Springsteen live in der DDR gesehen hatte. Ein Konzert, das Merle für immer in Erinnerung bleiben würde. »The Boss« ist einfach einer der größten Musiker, und dass er damals im Osten spielen durfte, war wirklich ein unglaubliches Event.

Dem Golden Retriever fiel die Gabel aus dem Mund und bohrte sich senkrecht in den Rest der Mousse au Chocolat auf seinem Teller.

Er blickte Merle erstaunt an.

»Du bist mit acht schon auf einem Rockkonzert gewesen? Und das in der damaligen DDR? Soweit ich mich erinnern kann, hat Bruce Springsteen nur ein einziges Mal in der DDR gespielt, und das war 1988.«

Merle wurde heiß und kalt und wieder heiß und kalt. Und nein, das lag nicht an den Wechseljahren.

Der Golden Retriever war auch ein großer Bruce-Springsteen-Fan, das mochte sie ja so an ihm, nur gerade eben bereitete ihr das Probleme.

»Ähm, ich … ja, also ich … also mein älterer Bruder hat mich damals reingeschmuggelt, und ich war ja sooooo klein.« Merle machte eine Geste in Höhe der Tischkante. »Die haben mich quasi bei der Eingangskontrolle übersehen, und ich stand, obwohl ich so jung war, damals schon total auf Bruce Springsteen, wir hatten Platten von der Westverwandtschaft, das war einfach toll und …« Merle redete und redete und redete, und der Golden Retriever blickte sie immer noch etwas verwirrt an.

Am nächsten Tag hat der Golden Retriever Merle dann leider verlassen.

Er hatte in der Nacht dann wohl heimlich nach Merles Personalausweis gesucht und ihn blöderweise auch gefunden.

Nicht, dass der Retriever sonst gerne in fremden oder vertrauten Unterlagen rumschnüffelte, aber er hatte nach diesem Abend mit Bruce Springsteen doch einen leichten Verdacht gehabt, dass Merle vielleicht eventuell etwas älter sein könnte als offiziell angegeben. Und bei begründetem Verdacht darf die Polizei ja sogar eine Wohnung durchsuchen und stürmen, oder nicht? Da kann man doch auch mal schnell auf einen Personalausweis schauen, das ist ja kein Verbrechen an und für sich.

Und nein, der Golden Retriever hat Merle nicht wegen ihres Alters verlassen. Das war ihm offensichtlich völlig gleich.

Das Problem war die Lüge.

Damit konnte er wirklich nicht klarkommen.

Merle war am Boden zerstört.

Über die Welpen ist im Übrigen ein kleiner Sorgerechtsstreit entbrannt.

Merle hofft immer noch bei jeder Übergabe (sie haben sich auf ein Wechselmodell geeinigt), dass sie den Golden Retriever erneut von sich überzeugen kann.

Und sie hat sich selbst geschworen, sie wird nie wieder flunkern und sich zehn Jahre jünger machen. Vielleicht nur fünf beim nächsten Mann, das fällt dann wahrscheinlich nicht ganz so doll auf, solange man nie mehr über spezielle Konzerte spricht. Egal ob Pop oder Rock.

Aber vielleicht ist es auch einfach so: Wer am Anfang lügt, hat am Ende ein Problem. Und das gilt wahrscheinlich für jede Lüge und jedes Alter.

Spam

Man bekommt ja im Laufe seines Lebens unglaublich viele Dinge geliefert oder zugeschickt, die man nicht wirklich bestellt hat – Falten, Kilos, E-Mails, Lebensjahre, Probepäckchen mit Cellulitecreme oder Ex-Männer. Alles Mögliche landet heutzutage im Postfach, und das war auch schon vor der Erfindung des Internets und des Spamordners so.

Ja, Sie lesen richtig.

Ich bin so alt, ich bin vor der Erfindung des Internets geboren. Es ist für viele – vor allem jüngere – Menschen heutzutage völlig unvorstellbar, wie wir damals gelebt haben. So völlig ohne Bits und Bytes. Ohne Computer, ohne Bitcoin. Ohne Handys. Ohne Amazon. Ohne Netflix. Ohne E-Mails.

Gab es eigentlich ein Leben vor dem Internet?

Allen Jüngeren, die dieses Buch lesen und keine Archäologen sind, sei gesagt: Wir hatten damals auch Spaß, und niemand hat uns dabei fotografiert und konnte uns danach ein Leben lang mit den Bildern unserer Jugendsünden erpressen. Und Jugendsünden hatte ich auch, selbst wenn ich das meiner Tochter gegenüber nie im Leben zugeben würde.

Aber jetzt zurück zum Thema. Also, wie schon gesagt, mir werden öfter mal Dinge zugeschickt, die ich überhaupt nicht bestellt habe.

Irgendwann, ich glaube, so vor zwei, drei Jahren, fing das dann mit diesen komischen Briefumschlägen an. Am Anfang habe ich mir echt noch nicht so viel dabei gedacht und das Zeug meistens ungeöffnet in den Müll geworfen.

Ich glaube, ich habe damals noch gar nicht gesehen, was das so genau war, halt irgendeine Werbesendung – zack, ungeöffnet in den Müll. Natürlich in den Papiermüll.

Da bin ich sehr umweltbewusst.

Und mal so nebenher: Liebe Post, das nervt doch ungemein, dass ihr mir immer wieder dieses Zeug in meinen Briefkasten werft, obwohl ich da einen ganz großen Aufkleber drauf habe: »Bitte keine Werbung und Prospekte«.

Ich fürchte, das sind so Dinge, die werden sich nie verändern. Egal, wie alt ich werde.

Wie schon gesagt, es landen jede Menge Dinge in meinem Postfach und das nicht nur virtuell.

Irgendwann landete so ein Brief gefühlt jede Woche in meinem Briefkasten. Von verschiedenen Absendern anscheinend, aber immer eindeutig an mich adressiert. Irgendwann war ich mürbe und neugierig und öffnete so ein Schreiben.

Der stete Tropfen höhlt eben auch irgendwann mich aus.

Ich fing an zu lesen und musste mich erst mal auf den nächsten Küchenstuhl setzen.

Es war keine Werbung für Wein, Schokolade oder Schuhe. Also für Dinge, die ich liebe und von denen man meiner Meinung nach nie genug haben kann.

Es war Werbung für eine Sterbegeldversicherung.

Unfassbar.

Und das morgens um 9.00 Uhr direkt nach dem Frühstück. Wer will da schon an seinen eigenen Tod erinnert werden?

Und dann musste ich mich noch mal setzen, obwohl ich ja schon saß. Da stand nämlich, dass eine Beerdigung in Deutschland im Durchschnitt um die 8000 Euro kostet. Achttausend Euro! Unfassbar.

Also so mit allem Drum und Dran. Mit Pipapolles mit Blumen und Redner und Grab – allerdings ohne die Schnittchen und den Kaffee und den Alkohol danach für die Hinterbliebenen und Überlebenden.

Ich war fassungslos.

Ich hatte mich ehrlich gesagt noch nie in meinem Leben mit diesem Thema beschäftigt. Also, ich meine, mit dem Thema, was hierzulande eine Beerdigung kostet.

Umsonst ist anscheinend noch nicht mal der Tod, denn der kostet das Leben.

Hätte mich ehrlich gesagt auch echt gewundert, wenn das anders wäre. In diesem Land ist mittlerweile wirklich alles teuer. Sogar Atmen kostet inzwischen Geld.

Aber mit so einer Sterbegeldversicherung könnte ich noch zu Lebzeiten meine Liebsten finanziell heftig entlasten, stand da in dem Brief, den ich seltsam fasziniert weiterlas. Und natürlich will ich meine Liebsten entlasten, wer will das nicht?

Damit sei das alles easy, alles kein Problem mehr. Meine Hinterbliebenen müssen sich nicht mehr um das Geld kümmern, sondern können sich auf das wirklich Wichtige konzentrieren, stand da.

Also auf was bitte sollen sich meine Hinterbliebenen konzentrieren?

Was ist bei einer Beerdigung wirklich wichtig?

Das ausgiebige Weinen? Das Testament? Das passende Outfit von Prada? Oder dass der Pfarrer mich überhaupt nicht gekannt hat und deshalb nur Unsinn über mich erzählen wird?

Ich hatte keine Ahnung, aber das macht ja nichts, ich wäre ja dann sowieso tot.

Also mal ganz ehrlich – mir ist es nach meinem Tod egal, was aus meinen sterblichen Überresten wird. Mir ist das sogar vor meinem Tod schon egal.

Warum soll ich für eine Luxusbeerdigung 20 000 Euro ausgeben? Halten die mich für doof? Die hau ich doch lieber lebend auf den Kopf, und dann dürfen mich alle da entsorgen, wo sie wollen. Nun gut, vielleicht nicht gerade auf einer Müllkippe. So ins Meer verstreut werden wäre schon nett, aber dafür muss man ja kein ganzes Segelboot kaufen.

Ich las weiter in dem Brief, und da gab es dann so eine nette Beispielrechnung:

Also theoretisch hätte ich schon mit achtzehn so eine Sterbegeldversicherung abschließen können. Nun, das habe ich jetzt mal verpasst, ich bin auch ganz sicher, dass 99,9 Prozent aller Achtzehnjährigen sich nichts dringender wünschen als so eine Sterbegeldversicherung.

In mir keimte leise der Verdacht, dass die Marketingabteilung der Versicherung nicht allzu große Ahnung vom wirklichen Leben hat. Brauchen die wohl auch nicht, die müssen ja nur Ahnung vom Tod haben.

Ich habe mir das mal so pro forma ausgerechnet. Also ich habe ja vor, mindestens einhunderteins zu werden – schon allein aus sportlichen Gründen versuche ich eine Großtante von mir zu toppen. Ich habe da gute Chancen, die Frauen in meiner Familie werden überhaupt ganz gerne etwas älter als der Durchschnitt. Es zahlt sich eben immer aus, gute Gene zu haben.

Also echt jetzt: Fünfzehn Euro im Monat, also mal zwölf und das für die nächsten sechzig Jahre.

Das macht verdammte 10 800 Euro für meine Beerdigung, wenn ich ungefähr … nun, egal wie alt werde.

Echt jetzt?

Und wer weiß überhaupt, was in sechzig Jahren sein wird? Vielleicht haben die da schon was erfunden und ich lebe ewig. Und dann habe ich ewig in so eine Versicherung einbezahlt.

Also nein, nicht mit mir.

Und überhaupt!

Jetzt, mit irgendwie gefühlt knapp über dreißig, bombardieren mich diese Banausen schon mit meinem Lebensende.

Und wollen mein Geld. Unfassbar.

Das jagt meinen Blutdruck in die Höhe, und das ist gar nicht gut in meinem Alter.

Aber wenn ich ernsthaft darüber nachdenke: Der Grund, warum ich wirklich sauer auf die Banausen dieser Marketingabteilung bin, ist nicht, dass die mich ab und zu an meine Sterblichkeit erinnern. Das macht mein kaputtes Knie von ganz alleine. Nein, ich bin echt sauer, weil die mir dieses Angebot für die Sterbegeldversicherung immer ganz altmodisch per Post schicken. Also als Brief. Ausgedruckt. Auf Papier. In Großbuchstaben.

Das ist im Grunde genommen der eigentliche Affront.

Ich habe noch nie eine E-Mail mit so einem Angebot erhalten. Nee, da war auch nix in meinem Spam-Ordner.

Was denken die sich da in der Marketingabteilung bitte? Sooo alt bin ich nun wirklich noch nicht.

Ich bin noch jung genug für E-Mails – ich kann mit meinem Computer umgehen, E-Mails öffnen, den Spamordner leeren, und ich habe auch noch nie das Internet kaputt gemacht.

Also echt jetzt.

Testosterongeschwängert

Es gibt ja eigentlich, wenn ich mal ehrlich zu mir selbst und Ihnen bin, nicht allzu viele Dinge, die ich am Älterwerden wirklich schätze.

Und dass fünfzig das neue Dreißig ist, ist nichts anderes als ein dummer Spruch – und der wird durch ständige Wiederholung auch nicht besser.

Nee, echt jetzt, älter werden ist jetzt nicht so prickelnd. Aber das bezieht sich bei mir in der Hauptsache auf die körperlichen Aspekte, habe ich neulich erstaunt festgestellt.

Denn was in meinem Kopf so drin ist, finde ich in mancher Hinsicht deutlich besser als in jungen Jahren.

Also mein Idealzustand wäre mein dreißigjähriger Körper mit dem Kopf von heute.

Hallo! Mutter Natur! Hast du das mitbekommen?

Zum Beispiel hat mein Selbstbewusstsein mit den Jahren eindeutig ein paar Zacken zugelegt. Ich könnte auch behaupten, es hat sich umgekehrt proportional zu meinem Alter entwickelt.

Mein Gott, war ich in jungen Jahren unsicher. Immer wollte ich allen alles recht machen, immer habe ich versucht, lieb und nett und ausgleichend zu sein. (Nein, Luisa, das war wirklich so, auch wenn ich dir gegenüber vielleicht manchmal nicht ganz so nett war.)

Damit befinde ich mich in bester Gesellschaft mit den meisten Frauen dieser Welt.

Das hat sogar die Wissenschaft festgestellt. Frauen sind einfach höher in *agreeableness* als Männer, das haben die Psychologen irgendwann erforscht. *Agreeableness* kann man ganz gut mit Verträglichkeit oder auch mit sozialem Kuscheln übersetzen.

Ich hätte denen das ja gleich sagen können, ganz ohne Forschung, aber mich fragt ja blöderweise meistens niemand.

»Verträglichkeit« ist dabei einer der fünf Faktoren des »Big Five Modells« in der Persönlichkeitspsychologie. Dieses Modell wurde vielfach durch Studien belegt und gilt heute als ein sehr wichtiges Standardmodell in der Persönlichkeitsforschung.

Und verträglich sind, wie schon erwähnt, meist wir Frauen. Immer lieb und nett und auf soziale Harmonie bedacht.

Und nein, das ist nicht einfach nur anerzogen, und genau deshalb kann man es als Frau auch nicht so eben mal ändern. Auch wenn einem das an einem selbst auf den Keks geht.

Also, wie oft habe ich in meinem Leben zum Beispiel im Job bei der Übergabe einer neuen Aufgabe geantwortet mit: »Aber natürlich werde ich das versuchen und mein Bestes geben und eventuell und vielleicht und wenn die Sterne günstig stehen, werde ich das auch schaffen, ich habe schließlich studiert, promoviert, interveniert, hyperventiliert und hundert Jahre Berufserfahrung in diesem Bereich, und ich hoffe doch sehr, das wird gut gehen.«

Während ein Kollege, fünfzehn Jahre jünger, frisch eingestellt, direkt von der Uni, sagt: »Klar kann ich das. Unterfordert mich zwar etwas, aber was soll's.«

Der Level in *agreeableness* ist bei Männern nicht besonders hoch, dafür umso höher im Bereich Selbstbewusstsein. Und diese beiden Dinge hängen irgendwie direkt zusammen.

Also das Liebsein mit dem Selbstbewusstsein.

Je lieber, desto weniger selbstbewusst, so ist das leider meistens bei uns Mädels.

Everybody's Darling ist eben in der Regel everybody's Depp.

Nun, da kommt einem dann als Frau das erste Mal wirklich das Älterwerden entgegen.

Zum einen mit der steigenden Lebenserfahrung. Irgendwann weiß man einfach, dass ein »Nein« zu jemand anderem meistens ein »Ja« zu sich selbst ist.

Zum anderen mit einem steigenden Testosteronspiegel – also bei mir zumindest. Denn zu Beginn der Wechseljahre kommt es häufig durch den Abfall der weiblichen Hormone zu einer zeitweise verstärkten Testosteronausschüttung. Jetzt, wo ich nicht mehr schwanger werden kann, bin ich wenigstens testosterongeschwängert. Zumindest fühlt sich das ab und zu so an.

Denn die Eierstöcke produzieren auch bei Frauen nach der Menopause weiter Testosteron – zwar in kleinen Mengen, aber hey! Her mit dem Zeug.

Das, was bei Männern manchmal zu viel ist, kann bei uns Frauen in kleineren Dosen offensichtlich Wunder bewirken. Dazu gibt es auch eine Studie, bei der Frauen nach der Menopause Testosteron bekommen haben. Das war sehr nett, denn:

- Es verbessert das Selbstbild.
- Es verbessert die Kognition.
- Es sorgt für mehr Knochendichte.
- Und es macht Lust auf Lust (typisch männliches Hormon).

Dazu sorgt es noch für ein deutlich besseres Selbstbewusstsein als in jüngeren Jahren. Leider habe ich nicht an dieser Studie teilgenommen, aber ich schätze, meine Eierstöcke produzieren den Stoff noch gratis für mich.

Überhaupt bin ich viel aggressiver geworden.

Neulich stand ich mit einer Freundin mit unseren beiden Fahrrädern an einer roten Ampel. Wir kamen gerade vom Einkaufen, als mich von hinten ein anderes Fahrrad mit einem Mann ungefähr in meinem Alter drauf einfach seitlich an meinem Hinterrad rammte. Mein Fahrrad machte durch den Aufprall von hinten einen Satz zur Seite, und mein Knie bekam dabei einen verdammt schmerzhaften Schlag ab.

Auch der Fahrer, der mich gerammt hatte, musste von seinem Rad runterspringen, so heftig war der Aufprall. Ich drehte mich zu dem Typen um und schnauzte wütend: »Hey, können Sie nicht aufpassen?«

Daraufhin meinte der Mann blasiert, ich solle mal den Mund halten, ich sei ja selbst schuld an dem kleinen Zusammenstoß, da mein Hinterreifen sieben Zentimeter zu weit in die Radspur ragen würde.

Ich blickte auf meinen Hinterreifen, der perfekt dastand, und merkte, wie mir das Testosteron einschoss.

Das fühlt sich ungefähr so an, wie wenn eine Rakete zum Mars zündet, und dann kommt kurz vorm Start noch mal ein Booster hinzu.

Kawummm! machte es in meinen Hormonen.

Diese blöde Bemerkung dieses blöden Typen war gar keine gute Idee.

Ein Mann über vierzig sollte Frauen über vierzig sehr höflich behandeln. Es könnte sein, dass sie gerade mehr Testosteron in ihrem Körper haben als der Mann selbst. Also ich ging hoch wie eine Rakete und rastete testosterongeschwängert länger als eine Ampelphase aus:

»+#{}¿ʃ®«¡'≠≠}{±'#¶¢}¿Δ@µ/~°¨©ƒ∂©ʃ∂∂„«®€®Ω¨Ω¨Ωππ!!!!!!!!!!!«

Als ich endlich fertig mit der Beschimpfung war, murmelte der Typ nur noch: »'tschuldigung, ich hab's ja nicht so gemeint«, und schob – inzwischen zwei Köpfe kleiner – sein Fahrrad davon.

Ich wollte ihm noch hinterher, ich hatte noch genügend Testosteron in mir, um zwei von seiner Sorte anzuschnauzen, aber meine Freundin (sie ist deutlich jünger als ich und hat offensichtlich noch nicht so viel von dem Zeug im Leib) hielt mich am Arm fest. Außerdem war die Ampel schon wieder grün.

Da hatte er noch mal Glück gehabt.

Und ich auch.

In meinem früheren, jüngeren Leben hätte ich mich wahrscheinlich tatsächlich bei diesem Idioten entschuldigt.

»Ach, tut mir leid, kommt nie wieder vor, ich werde mir gleich ein Fahrrad mit kleineren Reifen kaufen, damit ich Ihnen nie wieder im Weg bin. Also bitte ich noch mal ganz ausdrücklich um Entschuldigung, dass mein Fahrrad Ihnen so im Weg stand. So sorry!«

Wie gesagt. Das hätte mein früheres Ich wahrscheinlich gesagt.

Aber heute nicht mehr. Und nicht mehr mit uns.

Jetzt haben wir minimal älteren Frauen Testosteron im Blut und Selbstbewusstsein im Kopf und sind nicht mehr ganz so agreeable und verbindlich und nett wie früher.

Also: *Don't mess with us!*

Und hier noch ein guter Rat an alle männlichen Fahrradfahrer, die mir in Zukunft begegnen werden: Tragen Sie Helm, gehen Sie mir aus dem Weg, und pflaumen Sie mich nie an – auch und gerade, wenn Sie tatsächlich ausnahmsweise mal im Recht sein sollten.

U-Bahn fahren kann echt alt machen

»Siehst du die da hinten?«

»Wo da hinten?«

»Na die da hinten, die mit dem viel zu kurzen T-Shirt.«

»Ach, die Tussi.«

»Der hängt echt der halbe Bauch raus. Unfassbar.«

»In dem Alter und mit dem Bauch würd' ich mich das echt nicht trauen.«

»Sei nicht so gemein, das ist voll *body positivity*.«

»Du checkst das nicht. Dass man das positiv sehen muss, gilt doch nur für Dicke und nicht für Alte.«

»Ach so.«

»Und dann diese Hose – total *eighties*, aber in schlecht.«

»Also, ich würde mich das als Zombie echt nicht mehr trauen, so rumzulaufen.«

»Das ist voll Opfer.«

»Und die Haare erst. So ein *fail*.«

»Würde gerne aussehen wie eine *real bitch*, aber so wird das nix.«

»Also, wenn ich sooo alt werde wie die, werde ich mich selbst canceln.«

»Wäre auch echt besser.«

»Bevor man aussieht wie ein totaler *fake*.«

»Die sollte mal besser die Heidi im Dorf lassen.«

»Und wie sie wippt mit dem dünnen Arsch.«

»Voll peinlich.«

»Die hofft darauf, dass der Typ da hinten sie irgendwann keult. Siehst du, wie die den angeifert?«

»Meinst du, die treibt's noch in dem Alter?«

»Iiiiiihhhh, hör auf, jetzt krieg ich Bilder.«

»*Shit*, wir müssen raus ...«

»Waaaasss?«

Dann rannten die beiden vielleicht fünfzehnjährigen Teenies aus der U-Bahn, noch bevor ich denen die Rotzlöffel langziehen und ihnen gleichzeitig mal einen Vortrag über weibliche Solidarität halten konnte.

Die Frau, über die die zwei gesprochen haben, war übrigens nicht ich und sicher noch nicht mal dreißig.

Und über mich, die ich direkt schräg neben ihnen saß, haben die sich nur deshalb nicht unterhalten, weil ich für die völlig unsichtbar bin.

Das ist im Übrigen, seit ich über vierzig bin, meine geheime Superkraft: Ich bin ab und zu total unsichtbar, Superwoman eben – wie alle Frauen in meinem Alter. Wir sind plötzlich unsichtbar und müssen dafür noch nicht mal so einen komischen Ganzkörperanzug tragen. So ein Teil aus Latex oder Nylon würde an mir mittlerweile sicher auch nicht mehr gut aussehen – mein Gott, da sieht man jedes Röllchen, und furchtbar eng sind die Dinger auch, und man schwitzt sicher ganz grauenhaft darin.

Welches Deo benutzen eigentlich Superhelden?

Also, das würde mich jetzt echt mal interessieren.

Und für alle Teenies gilt: Seid mal froh, wenn ihr überhaupt so toll so alt werdet wie die Tussi mit dem zu kurzen T-Shirt oder wie wir nicht mehr ganz so jungen Superwomen ohne Latexanzug.

Was auf die Ohren

Mein Vater, der deutlich älter ist als ich – das bringt das Vatersein ja meistens so mit sich –, besitzt seit geraumer Zeit ein Hörgerät.

So ein kleines, feines, das man auf den ersten Blick fast gar nicht sehen kann.

Ich hätte das mit dem Hörgerät überhaupt nicht mitbekommen, wenn ich mich nicht bei einem Besuch meiner Eltern überaus gewundert hätte, dass die Vögel abends um zehn so seltsam zwitschern.

Also, ich saß auf dem Sofa bei meinen Eltern, es war Frühling, aber schon nach neun Uhr abends, und wir schauten gemeinsam ein Fußballspiel.

Irgendwann fiel mir auf: Es zwitscherte und fiepte, dass es eine Freude war, obwohl es draußen schon fast dunkel war.

Seltsam.

Sehr seltsam.

Vögel zwitschern doch eher bei Sonnenaufgang und nicht bei Sonnenuntergang, oder?

Ich war irritiert.

Vielleicht hatte ich mir einen zwitschernden Tinnitus eingefangen? Zu viel Stress in letzter Zeit. Das wäre kein Wunder, aber gar nicht gut.

Ich fragte in der Halbzeit meine Eltern, ob Sie dieses Zwitschern auch hörten.

Meine Mutter schüttelte den Kopf. Sie ist ja auch deutlich älter als ich und hört einfach nicht mehr so gut, also auf sie kann man da bei diesem Thema nicht zählen.

Aber mein Vater sagte zu meiner Verblüffung: »Oh, das ist mein Hörgerät. Das ist wohl zu laut eingestellt.«

Er drehte etwas hinter seinen Ohren herum, und das Zwitschern hörte schlagartig auf.

Keine Vögel.

Auch kein Tinnitus.

Ich war erleichtert.

»Ich wusste gar nicht, dass du ein Hörgerät hast«, sagte ich zu meinem Vater, aber er reagierte überhaupt nicht. Das Hörgerät war jetzt wohl zu leise eingestellt, oder er wollte einfach nicht antworten, denn die zweite Halbzeit hatte schon begonnen.

Wie praktisch, dachte ich.

Mein Vater ist begeisterter Fußballfan, und wenn sein Hörgerät nicht mehr fiept, ist es wohl zu leise eingestellt, und er kann wohl auch nicht mehr durch blöde Zwischenfragen gestört werden.

Ist das nicht großartig?

Eine Welt, in der man nicht mehr durch Blabla genervt wird.

Ein paar Drehungen am Ohr – und schon ist die Welt leise. Und dafür braucht man dann noch nicht mal so einen scheiß teuren Noise-cancelling-Kopfhörer.

Obwohl, so ein Hörgerät ist wohl auch sauteuer, habe ich gehört.

Und dann musste ich an eine entfernte Großtante von mir denken, die damals, während meiner Kindheit, schon ziemlich betagt war.

Tante Charlotte galt in der Familie als schwerhörig, besaß aber kein Hörgerät. Die waren damals bestimmt so riesig, dass man sie sich wie einen Motorradhelm auf den Kopf ziehen musste, vermute ich jetzt mal, aber vielleicht liege ich da auch ganz falsch. Und ich möchte hier betonen, dass ich noch nicht so alt bin, dass man in meiner Kindheit noch solche Trichter als Hörgerät benutzt hat, wie das ganz früher mal üblich war.

Das musste jetzt mal deutlich gesagt werden.

Tante Charlotte jedenfalls hörte nicht nur schlecht, sie war auch sonst sehr eigensinnig. Mir fiel als Kind allerdings schon auf, dass Tante Charlotte im Grunde genommen überhaupt nicht schwerhörig war, sondern sehr gut alles mitbekam, was sie mitbekommen wollte.

Nur, wenn ihr jemand blöd kam oder ihr eine Diskussion aufdrücken wollte, zu der sie keine Lust hatte, hielt sie sich eine Hand hinter ihr Ohr und schaute so lange verständnislos drein, bis der andere von sich aus das Gespräch einfach aufgab.

Ist das nicht großartig?

Ein Leben ohne Gelaber?

Ohne sinnlose Diskussionen?

Ohne Blablablubb?

Nur noch hören, was man wirklich hören will, wie Vogelgezwitscher zum Beispiel.

Das sind doch mal keine allzu schlechten Aussichten für später.

Allerdings ist das wohl so ziemlich das Einzige, worauf ich mich beim Älterwerden freue.

Dann kommt von mir bei nicht vorhandenem Gesprächsbedarf nur noch:

Hähhh?????

Ähhhh???

??????

Und wenn dann der Mann an meiner Seite in hundert Jahren mal wieder leicht genervt am Frühstückstisch zwischen zwei

Schluck Kaffee nörgelig zu mir sagt: »Du hast schon wieder nicht die Zahnpastatube zugedreht«, dann werde ich ihn kurz verständnislos anblicken, mir dann eine Hand hinter das Ohr halten und antworten: »Ja, ja, das Wetter ist heute echt schlecht, es soll den ganzen Tag regnen.«

Und meiner dann voll und ganz erwachsenen Tochter werde ich mit Genuss nur noch Unsinn antworten oder gar nicht.

Das ist dann meine Rache für all die Jahre in und außerhalb der Pubertät, in der sie als Antwort nur mit den Schultern gezuckt hat oder in denen sie nur noch mit diesen kleinen, sauteuren Kopfhörern rumlief und wochenlang nicht ansprechbar war, wenn man nicht zufällig Cro hieß.

Ich werde in späteren Jahren einfach nur noch mit den Schultern zu zucken.

Es wird wunderbar werden.

Ich habe mir übrigens gerade überlegt, ob ich vielleicht heute schon mit dem schlecht Hören anfange. Es soll da schon ganz frühe Fälle schwerer Schwerhörigkeit geben, habe ich mir sagen lassen.

Beim Frühstück fing der Mann an meiner Seite eine seiner beliebten kleinen Diskussionen an, warum ich das Ei immer köpfe statt aufklopfe.

Ich habe so getan, als ob ich ihn nicht hören würde, sonst hätte ich vielleicht ihn geköpft statt das Ei.

Dabei ist mir dann auch das Geheimnis ganz langer Ehen klar geworden: Männer und Frauen, die schon sehr lange zusammen sind, ein ganzes Leben vielleicht, verstehen sich nicht nur blind – sondern auch taub.

Ich freu mich drauf.

Und mein Ei wird weiterhin geköpft. Egal, was der Mann neben mir da so vor sich hin nuschelt.

Das ist nicht nett, finden Sie?

Wie bitte?

Was haben Sie gesagt?

Ich versteh' kein Wort.

1000 places not to see before you die

Wenn man, so wie ich, minimal älter ist, gehen einem nachts um 4.36 Uhr oder auch um 3.22 Uhr so bestimmte, ganz blöde Gedanken durch den Kopf. Denn das mit dem Schlafen wird ja, wenn man minimal älter wird, nicht unbedingt einfacher. Aber ich glaube, das habe ich schon mal irgendwo erwähnt.

Und dann liegt man nachts wach, und das Kopfkino geht los:

War's das jetzt???

Geht da noch was?

Kommt da noch was?

Beruflich? Privat? Persönlich? Im Allgemeinen? Im Besonderen?

Was kann ich noch?

Was will ich noch?

Was muss ich noch?

Muss ich überhaupt noch was?

Und wer sagt das?

Und überhaupt.

Darüber und über noch ein paar ganz andere Dinge denke ich so nach, und ich weiß, dass es vielen anderen auch so geht.

Also, viele Frauen (und wahrscheinlich auch Männer) liegen nachts wach und wälzen blöde Gedanken, statt aufzustehen und schnell mal eben die Welt zu retten oder sich ein Glas Milch aus der Küche zu holen. Aber fürs Weltretten fühlen wir uns meistens einfach zu müde.

Alles nicht so einfach für uns minimal Ältere.

Also, wenn die Pralinenschachtel nicht nur gefühlt, sondern wohl ganz real ungefähr zur Hälfte leer gegessen ist, was kommt da noch?

Die Schnapspralinen?

Oder die Nussnougat mit Extracrunch, die ich so mag? Oder die, die zwar ganz gut aussehen, aber überhaupt nicht gut schmecken?

Oder doch nur noch die, bei der auch die Schokolade schon alt ist und die deshalb diesen leichten Grauschleier hat?

Wie schon gesagt, alles nicht so einfach für uns minimal Ältere.

Nele, eine Freundin, kam neulich total aufgeregt zu mir – sie war quasi auf dem Weg nach Südamerika und hielt das Buch *1000 places to see before you die* in der Hand, um es mir für die Dauer ihres Trips nach Patagonien auszuleihen.

Nele hat sich das Buch sehr zu Herzen genommen, als sie es von einem Freund zu ihrem dritten fünfzigsten Geburtstag geschenkt bekommen hat. Sie hat sich das alles sehr genau ausgerechnet, aufgelistet und eine Exceltabelle erstellt – dass sie im Controlling arbeitet, kommt irgendwie immer wieder bei ihr durch.

Nele will mindestens sechs Ziele pro Jahr abhaken und muss mindestens einhundertzweiundzwanzig Jahre alt werden, um all diese Plätze noch zu sehen. Dabei hat sie mir gestanden, dass sie ein paar der Orte heimlich weglässt – also man muss nicht unbedingt in jeden Vulkankrater der Welt blicken, findet Nele. Hat man einen gesehen, kennt man sie alle.

Aber ansonsten ist das echt ein anspruchsvolles Programm für ihre nächsten Urlaube. Zumal sie als Festangestellte nur sechseinhalb Wochen Urlaub im Jahr hat. Aber mit ein paar Brückentagen wird das schon, da ist Nele zuversichtlich, drückt mir das Buch in die Hand und einen Kuss auf die Wange und düst mit dem Taxi zum Flughafen.

Ich blicke ihr etwas neidvoll nach.

Oder auch nicht.

Ich war in diesem Jahr auf Mallorca.

Und letztes Jahr auf Mallorca, aber in einem anderen Hotel, und das Jahr davor war ich in Griechenland. Da gibt es so eine kleine Insel, da fahre ich immer wieder gerne hin. Also da war ich vorvorletztes Jahr. Und 2016 und 2015.

Bei mir ist das nämlich eher so, dass ich mit zunehmendem Alter immer bequemer werde im Urlaub.

Der Mann an meiner Seite ist minimal älter als ich und würde am liebsten immer auf denselben Campingplatz in Südfrankreich fahren.

So weit bin ich noch lange nicht.

Manchmal habe ich ihn aber noch, diesen Drang, der einen befällt, wenn einem einfällt, dass diese ganze Vorstellung hier auf Erden vielleicht nicht mehr ganz so lange dauert, wie man sich das erhofft.

Dann will ich all die Dinge machen, die ich noch nicht gemacht habe. All die Orte besuchen, an denen ich noch nicht gewesen bin. All die Lieder singen, die ich noch nie gesungen habe, und all die Gipfel erklimmen, auf die ich es noch nie geschafft habe.

Und dann tut mein Knie weh, und ich bin müde, und ich denke: Vielleicht muss man gar nicht alles gesehen haben, um alles gesehen zu haben.

Überhaupt dieser permanente Zwang zur Selbstoptimierung, dem vor allem meine Generation schon in jungen Jahren verfallen war. Ständig wurde uns erzählt, es geht noch besser, schneller, höher und weiter, und wer da nicht mitmacht, der ist bescheuert und verpasst sein Leben.

Wahrscheinlich hatte noch keine Generation vor uns so viele Freiheiten, was ja an sich wunderbar ist, aber wahrscheinlich war auch noch keine Generation vor uns so abgehetzt durch das ständige Gefühl, etwas zu verpassen.

Das Hamsterrad scheint sich immer schneller zu drehen, je mehr man rennt.

Zumindest kommt mir das manchmal so vor.

Und mittlerweile denke ich, ich befinde mich in dem Alter, wo ich einfach vom Hamsterrad runterspringen könnte.

Ich werde sowieso nicht mehr alle 1000 Plätze schaffen.

Was soll's also?

Und dann fällt mir ein, an wie vielen Orten ich schon war, die ich besser nie in meinem Leben gesehen hätte:

Den Parkplatz vorm Baumarkt in Saarbrücken-Ensheim im Dauerregen.

Die Autobahn zwischen Stuttgart-Flughafen und Leinfelden-Echterdingen im Dauerstau – vierspurig.

Die Toilette bei der tunesischen Tankstelle auf dem Trip in die Sahara (ein Anblick, der mich bis heute verfolgt).

Hallstatt in China (das gibt's tatsächlich).

Ich bin mir sicher, wenn ich heute Nacht um 3.46 Uhr wach liege, fallen mir noch ein paar ganz besonders langweilige Orte ein.

Ich werde jetzt einen Bestseller schreiben: *1000 places not to see before you die.*

Also alles Orte, die man sich echt sparen kann in seiner immer kürzer werdenden Lebenszeit.

Fahren Sie da nicht hin.

Steigen Sie da nicht aus.

Geben Sie da nicht 4 000 Euro aus.

Stehen Sie zu Ihrem Alter, steigen Sie aus dem Hamsterrad der permanenten Selbstoptimierung, bleiben Sie im Bett, da ist es auch nett und deutlich billiger.

Und jetzt gehe ich mal runter, schauen, was in der Pralinenschachtel, die mir der Mann an meiner Seite neulich einfach so geschenkt hat, noch alles drin ist.

Ich bin mir ganz sicher, sie ist noch fast voll.

Wer jung sein will, muss leiden

Man soll ja nie nie sagen, und deshalb sage ich auch nie, dass ich nie eine Schönheits-OP machen lassen würde. Ich ertappe mich nämlich in letzter Zeit immer häufiger dabei, dass ich auf den einschlägigen Websites mal kurz reinschaue und mir so Vorher/Nachher-Bilder ansehe. Zum Beispiel die Homepage von Prof. Dr. Dr. XXX (ich darf hier aus Wettbewerbsgründen keine Namen nennen) und seiner exklusiven Privatklinik in Düsseldorf.

Diese Bilder üben eine unglaubliche Faszination auf mich aus – unfassbar, was heutzutage in der modernen Medizin alles möglich ist. Aus Hakennasen werden niedliche Stupser, Ohren werden angelegt, und Busen wachsen ins Unendliche. Pralle Pos sind übrigens der neueste Trend und auch ein Statussymbol mittlerweile, glaub ich. Da gilt heute wie früher bei den Autos: je größer, desto besser.

Also so eine Po-OP mit Silikonkissen kann ich gut verstehen, man hat immer sein Sitzkissen integriert, und es wird einem nie wieder kalt untenrum. Keine Blasenentzündung mehr für den Rest eines Frauenlebens als wunderbarer Nebeneffekt. Das ist für mich ein echtes Po-Argument.

Manche von den Frauen sind allerdings auf den Nachher-Bildern kaum noch wiederzuerkennen. Und das ist leider nicht in jedem Fall positiv, wie man auch an einigen Promidamen immer wieder sehen kann. Zwischen schön und »Ogottogott« liegt manchmal nur ein kleiner Schnitt.

Am besten finde ich ja so eine Schönheits-OP, die andere Menschen überhaupt nicht an einem bemerken. Man sieht irgendwie besser aus als vorher, aber nicht so, als wären einem gerade Schlauchboote in die Lippen gepumpt worden, als wollte man damit die Flüchtlingskrise lösen.

In meiner Vorstellung sollte man nach einer Schönheits-OP eher so aussehen, als ob man gerade aus einem dreiwöchigen Luxusurlaub in der Karibik zurückkäme.

Wenn ich mir allerdings die Preise auf der Website von Prof. Dr. Dr. XXX anschaue, kann ich nicht nur einen Karibikurlaub, sondern auch gleich eine kleine Weltreise machen. Also einmal um die halbe Welt oder drei Falten weniger. Im Moment würde ich mich immer noch eher für die halbe Welt entscheiden. Aber wer weiß, wie die Lage in ein paar Jahren und mit ein paar Falten mehr ist.

Wie gesagt, man soll nie nie sagen. Aber es gibt doch noch Dinge auf dieser Welt, bei denen ein energisches »Nie im Leben« für mich absolut infrage kommt.

Neulich war ich mit einer Freundin bei einer Freundin einer Freundin zum sommerlichen Kaffee auf der Terrasse eingeladen.

Mit Kaffee und Kuchen kann man mich immer locken. Da zögere ich nicht lange. Die Runde aus sieben Mädels in den besten Jahren war auch sehr nett, und ich liebe Kaffee, Klatsch und Tratsch. Und nein, das hat nix mit meinem Alter zu tun, ich habe schon mit fünf in der Puppenküche mit meinen Freundinnen Kaffee getrunken.

Es gab einen veganen Rote-Bete-Kuchen mit Crème fraîche, der Kaffee war Fairtrade aus Nicaragua, die Sonne schien, wir saßen unter einem riesigen Sonnenschirm im Garten eines Hauses in Obermenzing, und Susanne, die Gastgeberin, stand irgendwann auf und holte noch einen glutenfreien Zucchinikuchen aus der Küche. Dann kam sie zurück und setzte sich wieder auf ihren Platz, aber nicht ohne vorher umsichtig den Schwimmring, auf dem sie offensichtlich schon die ganze Zeit vorher gehockt hatte, wieder in die richtige Position zu bringen.

Schwimmring?

Ich war etwas verblüfft.

Ich kenne Susanne nicht so richtig gut, sie ist ja mehr die Freundin einer Freundin, aber ich weiß, sie hat schon drei Kinder und ist ungefähr mein Alter.

Hatte Susanne jetzt noch ein Kind bekommen?

War hier ein Wunder passiert? Also, ich will ja jetzt echt nicht verraten, wie alt ich bin, aber sollte ich jetzt noch mal schwanger werden, wäre das mit ziemlicher Sicherheit eine Meldung in der *Tagesschau*.

Ich blickte mich um.

Nirgendwo Babysachen. Noch nicht mal Kindersachen. Und soweit ich wusste, ist Susannes Jüngster auch schon vierzehn.

Warum saß die dann auf einem Schwimmring?

Frauen, die Kinder haben, wissen, was es heißt, wenn eine Frau freiwillig beim Kaffeekränzchen auf einem Schwimmring sitzt. Das heißt Dammriss oder Dammschnitt durch eine Geburt. Ich will da jetzt nicht weiter drauf eingehen – diese Zeiten sind ja Gott sei Dank vorbei, und ich hatte im Übrigen einen Kaiserschnitt. Da sitzt man dann zwar auf keinem Schwimmring, aber es tut auch eine ordentliche Zeit lang ganz gemein weh.

Carolin, die Freundin, mit der ich da war, bemerkte meinen irritierten Blick und bedeutete mir, da besser nicht nachzuforschen, als es auch schon aus mir herausbrach: »Warum um alles in der

Welt sitzt du auf einem Schwimmring?« Neugierig, wie ich nun mal bin, blickte ich Susanne an.

Susanne lächelte verschwörerisch und sagte: »Ich hab' da unten was machen lassen.« Sie deutete zwischen ihre Beine auf die Sitzfläche.

Hä? Hatte sie die Stühle renovieren lassen? War alles frisch lackiert?

Ich glotzte wahrscheinlich wie ein Nilpferd im Rhein.

Manchmal bin ich echt schwer von Begriff.

Susanne fing an zu kichern wie ein Teenager, dann meinte sie strahlend in die Runde: »Unter uns Betschwestern – ihr habt doch alle Kinder bekommen, und ihr wisst doch, der Beckenboden und noch ein paar ganz andere Sachen da unten sind danach – wie soll ich sagen – nicht mehr so elastisch, wie sie vorher waren, und ich hab drei davon – also Kinder, nicht Beckenböden –, und nicht, dass ich mich darüber beschweren will. Die Kinder sind alle wunderbar geraten. Aber wie schon gesagt – körperlich sind Kinder da unten echt eine Herausforderung. Da ist dann alles nicht mehr so ganz … nun, wie soll ich sagen … an seinem Platz und in seiner Form. Und auch älter werden wir leider nicht nur obenrum.«

Die Runde nickte verständnisvoll, und auch ich bekam eine leise Ahnung, wovon Susanne gerade sprach.

»Also habe ich mich entschieden, was Kleines machen zu lassen. So ein klitzekleiner Eingriff, nur eine Nacht im Krankenhaus. Ich kann das nur empfehlen. Ich bin quasi wieder Jungfrau. Dafür lohnt es sich doch, mal wieder ein paar Wochen auf einem Schwimmring zu sitzen, oder etwa nicht?«

Susanne blickte stolz in die Runde, und alle kicherten.

Ich war echt sprachlos. Ich hatte ehrlich nicht gewusst, dass es so was gibt.

Verjüngung *down under.*

Und wie sollte ich mir das überhaupt vorstellen?

Noch bevor ich weiter überlegen konnte, sagte Susanne schon:
»Also, falls ihr euch das mal genauer anschauen wollt ...« Sie
stand auf und öffnete den obersten Knopf ihres Rocks.

»Ahhh ... nein danke ... ich kann mir das sehr gut vorstellen«,
rief ich spontan und etwas zu laut in die Runde.

Tatjana neben mir blickte mich dankbar an.

Susanne setzte sich Gott sei Dank dann auch einfach wieder hin.

»Schade. Ich habe wirklich kein Problem damit. Ich finde, man
sollte als Frau heutzutage einfach dazu stehen, wenn man was hat
machen lassen. Und es haben ja so gut wie alle etwas machen lassen, oder etwa nicht?«

Susanne blickte in die Runde.

Alle schauten etwas beschämt drein.

»Mein Mann war übrigens auch gar nicht mehr glücklich damit«, erklärte Susanne weiter. »Er hat vorher immer gesagt, das ist, wie wenn ein Spielzeugauto in den Gotthardtunnel einfährt.«

In diesem Moment verschluckte ich mich an dem Zucchinikuchen und hustete die Krümel quer über den ganzen Tisch. Es war mir furchtbar peinlich.

Aber das war jetzt eindeutig zu viel Information für mich. Ich hatte Bilder im Kopf, von denen ich nur hoffen kann, dass die Zeit sie irgendwann wieder vollkommen löschen wird.

Mehr muss ich zu diesem Thema gar nicht wissen.

Vielleicht lass ich irgendwann was machen, aber es wird nie und nimmer nicht an dieser speziellen Stelle sein.

Ich meine, das sieht ja gar keiner!

Oder fast keiner!

Also, wie schon gesagt, Schönheits-OPs sind toll, wenn man sie nicht bemerkt. Aber wenn man das Ergebnis gar nicht sieht, also ich weiß nicht. Das ist doch nun wirklich nicht Sinn der Sache – und außerdem habe ich gar keinen Schwimmring.

Mit diesen Gedanken und einem Bauch voller veganem Kuchen fuhr ich sinnierend und immer noch kopfschüttelnd nach Hause. Wenigstens gibt es zu dieser speziellen Schönheits-OP keine Vorher/Nachher-Bilder im Internet.

Zumindest nicht auf normalen Seiten.

Übrigens hat Susannes Mann sie kurz nach unserem Kaffeeklatsch leider verlassen. Für eine sechs Jahre ältere Frau. Er meinte, die Neue sei so spontan und frisch im Kopf – er fühle sich einfach jünger, wenn er mit ihr zusammen ist.

Vielleicht kommt es manchmal eben doch mehr auf das Alter von »dem da oben« als auf das Alter von »dem da unten« an.

Das ist doch auch schön, oder?

Zehn Dinge, die eine Frau über vierzig unbedingt besitzen sollte

1. Souveränität

2. ein Aktiendepot

3. jede Menge Charme

4. eine viel zu teure Handtasche oder ein viel zu teures Kleidungsstück oder ein viel zu teures Schmuckstück

5. einen klaren Blick für das Wesentliche im Leben und das Wissen, dass das niemals etwas Materielles sein kann

6. jede Menge Lachfalten

7. unendliche Liebe für alle und alles Mögliche

8. ein vollständiges Set Inbusschlüssel

9. ein Zimmer nur für sich allein

10. eine Lesebrille für das Kleingedruckte im Leben

Zehn Dinge, die eine Frau über vierzig nicht mehr besitzen sollte

1. einen Mann, den sie nicht mehr liebt

2. einen Mann, der sie nicht mehr liebt

3. ein Angeberauto. (So etwas braucht man doch eigentlich sowieso nie.)

4. zu lange Fingernägel

5. einen Job, der nur noch nervt

6. Freundinnen, die man nicht nachts um drei anrufen kann

7. Arroganz

8. zu hohe Schuhe, in denen sie nicht laufen kann

9. schlecht sitzende Unterwäsche

10. einen Körper, den sie nicht von Kopf bis Fuß schätzt, liebt und mag, egal, wie er aussieht und egal, wie viel er wiegt

Was Sie tun können, wenn Sie als Frau ernsthafte Probleme mit dem Älterwerden haben

- Springen Sie im nächsten Zoo spontan in das Löwengehege.

- Tauchen Sie mit Haien – am besten ohne Sauerstoffflasche.

- Springen Sie ohne Fallschirm aus einem Flugzeug – der Wind zaubert Ihnen für ein paar Sekunden alle Falten aus dem Gesicht, das wirkt besser als ein Facelift, sodass Sie ganz glatt unten ankommen.

- Gehen Sie nie mehr aus dem Haus und entfernen Sie alle Spiegel.

- Lassen Sie sich Antidepressiva verschreiben und verbringen Sie den Rest Ihres Lebens damit, Ihrer Jugend nachzutrauern.

- Buchen Sie alle drei Wochen einen neuen OP-Termin beim teuersten Schönheitschirurgen Ihrer Stadt (das funktioniert leider auch nicht ewig, dafür geht es zu sehr ins Geld).

- Lassen Sie sich bei minus 200 Grad Celsius einfrieren, bis den Wissenschaftlern endlich was gegen das blöde Älterwerden eingefallen ist.

- Oder vergessen Sie einfach diesen ganzen Älterwerden-Scheiß. Machen Sie einfach weiter, was Sie wollen, wie Sie es wollen, wann Sie wollen, und fühlen Sie sich einfach so jung, wie es Ihnen gerade passt.

- Schließlich sind Sie doch niemand, der sich von einer blöden Zahl vorschreiben lässt, wie alt Sie sind, oder?